EL CAMINO DE LA ALQUIMIA

Decidí llamar a este libro con una palabra alquímica "TRANSMUTACIÓN". Porque creo que mi camino espiritual ha consistido en transmutar mis limitaciones y también mi sombra para acercarme a la Luz y el Amor. Emprendí mi camino iniciático hace mucho tiempo, con tropiezos y retrocesos he llegado hasta aquí y quiero contaros algunas de mis vivencias y experiencias por si pueden servirnos. Os aseguro que me encantará que sea útil lo aprendido por mí a lo largo de mi vida. Siempre me ha gustado escribir, pero si ahora me he decidido a hacerlo de esta manera es porque me lo han indicado. Fue mi guía, mi instructor, mi ángel, podemos llamarlo de diferentes maneras, pero realmente es el Ser quien me dijo: Escribe, escribe, escribe… La primera vez que lo escuché claramente fue en mi primera toma de Ayahuasca. No sabía cómo iba hacerlo, pero me he dejado llevar por mi intención y lo hago de la mejor manera que se, a través de contar experiencias, pensamientos,

1

reflexiones, viajes, historias, también fragmentos de enseñanzas de otros maestros y maestras que me impactaron y de quienes más he aprendido.

AYAHUASCA, EXPERIENCIA EXPLOSIVA

Muerta de miedo a lo desconocido y sobre todo a perder absolutamente el control sobre mi durante un periodo de tiempo sin determinar pero aun así armada de valor y arropada por buena compañía, confíe y me fie una vez más de la bondad de la Divinidad para conmigo y de que todas las experiencias son las necesarias para mí evolución. Bebí el amargo brebaje sagrado, un vasito pequeño fue suficiente. Después de pasar una semana muy dura, cansada, falta de cafeína, agobiada por un terrible dolor en el nervio ciático que me impedía descansar añadido a la imposibilidad de tomar calmantes por la depuración previa a la toma, se sumó que mi madre estaba ingresada en el hospital, todo esto me produjo un gran bajón de energía, seguramente todo era a causa del temor, empecé a pensar que quizás no debía hacerlo, o que no era el momento, o señales que me
Indicaban que esperara. Preguntaba al cielo sin obtener respuesta. Una vez más

el Tarot fue mi consejero. La carta del Mago me envió adelante, conseguirás lo que deseas, con la ayuda del Sumo Sacerdote llegarás a la Sacerdotisa, en este caso yo misma evolucionando. Nada más tomarla me tranquilice de golpe. Lo primero que sentí fue estar en el alma de mi madre, entenderla, saber los porqués y lo que ella necesita de mí, con eso habría bastado pero no, faltaba muchísimo más. Me vinieron imágenes de un líquido turbio y pequeños seres que flotaban en él, supe que era el inicio de la humanidad, así empezó todo. Pero yo no necesitaba saber esas cosas, deseaba algo distinto. En ese momento un enorme recipiente lleno de Ayahuasca me engulló, rebosaba de líquido marrón y espeso y parecía hervir. Ahí sentí un poco de miedo, ya empieza el trance, mis miedos cotidianos, esos que impiden avanzar y bloquean mi potencial. Fue una sensación de liberación, empezaron a hablarme y esos seres eran muy bruscos conmigo y les pregunte porque me hablaban así. Porque no nos haces caso, respondió alguien, te hablamos y no escuchas, realmente ni siquiera hubieras necesitado la Ayahuasca para entrar en el trance. Y me pareció que repetían mil veces, escribe, escribe, escribe... Pero sobre qué? Sobre tus experiencias. Escribiendo puedes ayudar a muchas personas a encontrar su camino y sanar. Recibí más información personal que no es relevante más que para mí. Me pareció que acabábamos de empezar pero fueron más de tres horas. Después de esto me sentía diferente y maravillosamente bien Los días siguientes aún fue mejor y con una gran sensación de amor, libre y alegre. Agradecida al Universo, a mis guías, a la sagrada medicina Ayahuasca, y a quien dirigió la ceremonia con mucho orgullo. Fue su regalo. Mi vida se transformó, y adquirió otro sabor a felicidad, alegría y fe. Escribe, escribe, lo demás todo irá bien.

CUANDO EL ALUMNO ESTA LISTO EL MAESTRO APARECE

Y esto lo tengo perfectamente comprobado. Cuando he estado preparada para una enseñanza el maestro o la maestra mágicamente han aparecido. Y resulta una bendición. Igualmente yo también he aparecido en el momento adecuado para enseñar o transmitir conocimientos a otras personas. Es importante estar receptivos, dejar el ego a un lado y entregarnos a lo sagrado del momento del aprendizaje. Escuchar, aunque sintamos que nos vapulea el alma y nos sacuda nuestras convicciones. A veces yo he buscado profesionales para realizar mi aprendizaje, otras veces han aparecido por casualidad. De pronto alguien amigo o conocido te da una información como hecha para ti, hasta en un anuncio, un libro o una película. Atención porque puede aparecer por cualquier lado la enseñanza. Leí que la vida es una academia y así la tomo yo, un continuo aprendizaje, a veces las asignaturas me encantan, y otras veces no tanto, pero todas necesitan ser aprobadas para pasar a un curso superior. El primer maestro espiritual del que tengo consciencia fue mi maestro de Aikido. Y de ahí muchas y muchos más.

"OS RECOMIENDO ESTAR CON LA MENTE SIEMPRE ABIERTA AL APRENDIZAJE, NUNCA SABEMOS POR DONDE LLEGARÁ."

AIKIDO

Me pasa continuamente, las mejores cosas me llegan por casualidad diríamos, pero ahora ya sé que la casualidad no existe y que llegan porque tienen que llegar. Durante un tiempo practique defensa personal y un año, después de las vacaciones de verano, esas clases dejaron de impartirse y que en su lugar se había introducido el Aikido. El mismo profesor que más tarde se convertiría en uno de mis más admirados maestros. No sabía lo que era, absolutamente nada. Pero esto no me impidió enamorarme de esta práctica, durante quince años practique por el placer de hacerlo, sin competición, sin competencia. Yo creo que aquí empezó verdaderamente mi despertar espiritual. Atisbe por primera vez las filosofías orientales, el budismo, el zen, las artes marciales, la vía como se les llama. Empecé a buscar sin saber lo que buscaba y que está búsqueda jamás tiene fin. El Aikido fue concebido por su fundador el maestro Ueshiba como un camino espiritual. Ueshiba es toda una leyenda, se dice que podía lanzar por los aires a sus oponentes sin siquiera tocarlos, tal era el poder de la energía que proyectaban sus manos Él decía que cuando estaba en combate era poseído por su Espíritu Guardián y ni siquiera las balas podían tocarle. El Aikido es el arte de la no resistencia, aprovecha la fuerza del contrario y siempre con el fin de defenderse, no de atacar, causando el menor daño posible. Son técnicas sencillas que a la vez requieren concentración y control. Es visualmente muy bello, es armonía, todos los movimientos representan el contorno de una esfera. Mi maestro Santos Nalda fue de los primeros en enseñar Aikido en España. Un hombre honesto, vital, polifacético, transmite calma además de enseñar con facilidad, el quizás no sabe cuánto aprendí de él y todo el mundo que se desplegó ante mi mente.

REVOLUCIONARIOS DEL AMOR

Soy muy positiva pero aun así al mirar las noticias, al mirar a mí alrededor me doy cuenta de que los seres humanos somos autodestructivos a un alto nivel. Y pienso, reflexionó en que tiene que existir alguna manera de transmutar esa tendencia. La historia del mundo está escrita a golpe de revoluciones que cambiaron su rumbo. Una revolución de amor es la única que puede salvarnos. De amor a todos los seres, de amor a nuestro planeta, podemos empezarla hoy mismo, empecemos por aquí, por mi lado, por el tuyo, por nuestro alrededor, dando amor, regalando amor, expandiendo amor, hasta que se produzca una inundación imparable. El amor incondicional y genuino siempre vence porque no existe una energía que sea más potente. Yo no quiero esperar. Formemos una marea revolucionaria y cambiemos lo todo. Hay una técnica para sentir amor por cualquier persona que te encuentres en tu camino, es cerrar los ojos y ponerte en su piel, dándonos cuenta de que todos tenemos sentimientos y somos capaces de amar.

TAROT TERAPIA

Sé que hay terapias estupendas, variadas y adecuadas para cada persona y situación. Pero yo quiero hablar ahora del Tarot como terapia. Cuando se realizan tiradas de tarot con el propósito de sanar se convierten en una terapia muy intensa. Lo utilizamos como llave energética para entender el bloqueo emocional o espiritual que nos impide avanzar y ser felices, la capacidad de sanar está dentro de nuestro ser, pero los arcanos nos ayudan a redirigirnos al camino correcto, con otra visión y de forma objetiva Os animo a experimentar el Camino del Tarot. Es pura magia que nos regala el Universo, personalmente no deja de sorprenderme. A veces nos llega una información que no nos gusta, o que nos parece descabellada, pero acaban teniendo razón, también el Tarot llegó a mi vida sin buscarlo. Una amiga se inscribió en un curso y un poco por acompañarla y un poco por curiosidad, así empezó mi historia de amor con el

Tarot. Desde el primer momento me fascino. Es una práctica milenaria, las cartas llamadas arcanos son figuras arquetípicas que representan en realidad los estadios de la evolución del ser humano. Cuando yo realizó las lecturas mi objetivo es ayudar a las personas que necesitan conocerse más profundamente o elegir entre varios caminos u opciones, o quizás advertirles sobre algún peligro o necesidad de cambiar ciertas actitudes. Forman parte constante de mi vida, las utilizo en mí día a día, y enseñó también a utilizarlas lo cual me hace sentir en plenitud, sobre todo les dedico mucho amor y respeto.

DESPERTANDO

Una perdida, una ruptura, una traición, o varios sucesos traumáticos a la vez, la sensación de tocar fondo, o lo que suele llamarse "LA NOCHE OSCURA DEL ALMA". De pronto sientes que te has perdido, sin saber por dónde salir, tu vida entera parece derrumbarse y resulta que solo entonces se empieza a vivir de verdad. Para evolucionar necesitamos experimentar noches oscuras, tocar donde, para desde ahí salir de nuestra zona de confort. Entonces hay que parar. Parar y respirar. Porque la vida te está regalando la maravillosa oportunidad de despertar, de crecer. Al principio no te das cuenta y después resulta que solo tú tienes la oportunidad de salvarte, siempre que lo desees claro. Aunque surgirán quienes estén cerca para ayudarte y enseñarte si lo que quieres es emprender ese camino de la consciencia.

Y DESPERTÉ

Una vez en ese fondo al que caímos que podemos hacer? Empezar por lo más simple y sencillo, pasear, sobre todo por la Naturaleza, tomar oxígeno, respirar, respirar profundamente. Leer mucho, ya que otros antes han pasado por experiencias similares, aprender, a veces dejarse guiar, y justo lo que necesitas se dejará caer. El mundo no se acaba, más bien para ti acaba de empezar. Y sobre todo "escúchate", tienes mucho que decirte. He pasado por noches oscuras, una, la más fuerte y que sin duda fue la mejor para mí, porque me empujó a avanzar a conocerme, a saber que tenía una gran capacidad de residencia. Y me llevo de vuelta al camino que había abandonado, por amor, amor hacia los animales, tan brutal que me hizo cometer muchos errores, también mis carencias afectivas me arrastraron a relaciones autodestructivas. Sufrí, me caí, me levanté, más fuerte y más

Sabia, más serena, más consciente, sabiendo que por mucho que se busca y se aprende aún queda mucho más por buscar y aprender.

ZEN

A través de mi maestro de Aikido conocí la filosofía Zen. Me atrajo desde el primer momento su supuesta contradicción, su paradoja, el que no hay nada que entender, ni nada que explicar. La práctica del Zen debe realizarse sin fin ni provecho, sentándose en la posición denominada Zazen. Zaragoza significa sentarse y Zen significa concentración. La expresión filosófica del budismo Zen no es una transmisión de conceptos, es la práctica milenaria que nos acerca al Despertar. La idea más importante, la más valiosa es Aquí y Ahora. La auténtica dimensión es el presente. Estar presente en cada momento, en cada gesto, en cada quehacer cotidiano. Aquí y ahora es la principal no lección Zen Cuando un alumno hace una pregunta a un maestro Zen la respuesta obtenida puede parecer la más absurda, el objetivo es inducirlo a reflexionar.

La posición Zazen es sentados con la espalda recta, las piernas en loto o medio loto, las rodillas apoyadas en el suelo, los pies oprimen los mismos puntos que se corresponden a vesícula, hígado y riñón. Se toca la tierra con las rodillas y el cielo con la cabeza, mentón hundido, nuca erguida, abdomen distendido, nariz vertical con el ombligo, como un arco tensado. Después de saludar se coloca la mano izquierda sobre la derecha con las palmas mirando al cielo, apoyadas en el abdomen. La mirada se posa aproximadamente a un metro de distancia, los ojos semicerrados no miran nada pero todo lo ven. Lo más importante realizar una respiración profunda abdominal. La posición correcta y la respiración profunda predisponen a una buena actitud del espíritu. Sentados en Zazen dejamos fluir los pensamientos sin detenernos en ellos. Llegando al inconsciente profundo, más allá del pensamiento. Aunque el Zen no se explica nos sumergimos en la contradicción y os recomiendo buenos libros de iniciación.

Yo empecé con Zen cotidiano de "Santos Nalda" explicado en forma de boletas, ameno y sencillo pero magistral. También entre mis preferidos se encuentran los del maestro "Taisen Deshimaru" La Práctica del Zen y Preguntas a un maestro Zen, un mundo fascinante.

SANAR NUESTRA NIÑEZ

Hasta que no sea sanada, la carencia afectiva en nuestra niñez nos hará ir por la vida mendigando amor. Nos enredaremos en relaciones tóxicas y autodestructivas, siempre intentando conseguir aprobación. Atraeremos seres de baja energía, oscuros, hasta sin escrúpulos, depredadores emocionales que fingirán amarnos y solo se alimentarán de nuestra energía y se aprovecharán de nuestros recursos. Soportarlos amistades insanas, familiares tiránicos, parejas abusivas, daremos sexo a cambio de espejismos de amor intentando compensar ese dolor, ese profundo desorden afectivo. El miedo al abandono nutrirá todos nuestros miedos. Solo amándote mucho lograrás curar la herida, descubrir el ser amoroso que era, blindarte con tu propio amor y entonces si expandirlo a borbotones, como olas, como ondas. Cuanto más te faltó más podrás dar. Regálate cada día tu cariño y ministerio, tanto que no necesites a nadie más para hacerte feliz. Entonces en completa transmutación atraerás como un imán personas y situaciones realmente bellas.

GUERRERA O PRINCESA, QUE DESEAS SER?

Como definir a una verdadera guerrera. Es una mujer independiente que solo se necesita a ella misma para ser feliz, tiene un corazón valiente pletórico de amor y confianza. Una guerrera confía en su fuerza y sabe que las fuerzas divinas la arropan y ayudan en sus batallas de Luz. Mujeres guerreras dueñas de su propia vida que se niegan a ser fútiles princesas erguidas en su pedestal, guerreras que sonríen mientras danzan, aman, sanan, crían, caminan, ríen, apoyan, impulsan. Dotadas de la energía de la Tierra, la Luna y el Sol. Trabajadoras incansables que trabajan y se trabajan, creando cada día un mundo mejor. Combinando y entrelazando múltiples roles, madres, hijas, novias, amantes, esposas, hermanas y amigas. Hace mucho que escape de ser princesa porque quería contribuir a un mundo mejor, porque si te mueves lo moverás, y si cambias lo cambiarás.

FLUIR O NO FLUIR

Cuando fluyes sientes que te deslizas con suavidad, los problemas se resuelven suavemente también, te dejas llevar, vives cada momento, respiras con la vida, lates con ella, es una sensación anestésica, todo se resuelve a su debido tiempo. Cuando no fluyes por el contrario la agobiante sensación es de bloqueo, todo se hace pesado, denso, los problemas se eternizan, las situaciones quedan a medio resolver. En ti esta la decisión. Fluir o no fluir. Deja que las divinidades se encarguen de dejar cada cosa en su correcto lugar. Actúa, confía y después despreocúpate. Todo está previsto. Estás en el momento perfecto. Te abrazas al río dorado de la vida y flotas, eres y te sientes ligera, incorpórea, dulcemente feliz.

AYAHUASCA SEGUNDA TOMA

Te recibí con amor y devoción en mi segunda toma. Abuela sagrada, agradecida por todo lo que me has dado y también por todo lo que me has quitado. Accediendo a mí Ser profundo, el que se encontraba escondido bajo los miedos, tras los prejuicios y las carencias y también en parte rodeado de falta de fe. Por fin decir que soy yo misma. La madre naturaleza a la que me encuentro enraizada nos regala esta vez, incansablemente generosa su brebaje amargo. Soy hija de la tierra, más cerca del mundo animal que del humano, sin embargo a este último debo ayudar a sanar cumpliendo mi misión, tarea tras tarea. No describiré con detalles esta segunda experiencia. Solo decir que cambie, supe y vi. Gracias Ayahuasca, gracias y más gracias.

Y SI ESO DE LAS LLAMAS GEMELAS FUERA CIERTO?

Si fuera verdad que nuestra llama gemela está danzando su baile lejos de nosotros pero a la vez en íntima conexión, si fuera verdad que soñara nuestros sueños y vibrara con nuestras risas, si es cierto que llorara con nuestra angustia y resonará en nuestro silencio. Qué pasaría si existiera por ahí esa mitad que en algún momento se desgajo. Quizás esa parte nos anhela en silencio respirando la mitad de nuestro aliento. Tal vez a base de buscarnos solo pudimos desencontrarnos. Puede que nos niegue y se niegue. Qué explosión de suelos que se recolocan van en el puzle vital surgiría de este encuentro más allá de lo cósmico? Se cuenta que al principio de los tiempos éramos uno y que fuimos divididos en dos mitades una masculina y otra femenina. Y que luego vinimos a este mundo muy lejos cada mitad, diferentes pero complementarios para realizar una misión en esta dimensión. Esto nos causa temor y por eso al encontrar a nuestra llama en principio una parte niega a la otra, y huye, es la que está menos evolucionada, se convierte en un corredor, hasta que el nivel se estabiliza y están listas las dos mitades. Cuando llega ese momento nada ni nadie puede impedir su unión, una unión de gran belleza y energía, fuera de lo común.

LA MAGIA DEL PODER PSICOTRONICO

Realmente este poder lo llevamos dentro. Para activarlo hay que visualizar nuestro objetivo y también usar las manos. Primer paso, pensar en lo que quieres conseguir. En el segundo paso imagina una habitación que te guste, que te resulte cómoda y a través de un techo acristalado puedes ver el cielo. Un rayo de luz entra desde el cielo llenándote de su poder. Visualiza que está sucediendo lo que deseas y a la vez gesticula con las manos. Para resolver un conflicto con otra persona imagina que os habláis con respeto mientras tus manos hacen gestos de armonía. La base del poder es la mente y además agregamos el poder de nuestras manos, estas son más fáciles de controlar. Y también están relacionadas con lo material. Otro método es escribir tus objetivos, entrar en estado de relajación, y pasar las yemas de los dedos por tu escrito enfocando la mente en ello.

Los resultados sorprenden. Son extractos del libro La magia del poder PSICOTRONICO de Robert B. Stone.

SOBRE LA IMPORTANCIA DE AGRADECER

Hoy toca agradecer. Realmente hoy y todos los días. Agradece a quien quieras o a quien creas, incluso si no crees en nada agradece igual, solo agradece sin más. Ese sencillo acto de decir…. Gracias. Respira y agradece. Agradece y sigue viviendo, y si mientras agradeces sonríes el sentimiento será más placentero, si crees que no tienes nada por lo que dar las gracias, tu agradecimiento creará la magia y los motivos se multiplicarán. Casa noche antes de dormir repaso los motivos, feliz por dentro y por fuera. El canto de agradecimiento. La danza de agradecer.

Llenándome con las palabras mágicas.
Gracias, gracias, gracias.

MANOS SANADORAS

Es la energía pura que está en el Universo a nuestra disposición para sanar a través de nuestras manos. Curar, aliviar, regenerar, transformar, relajar, tiene múltiples aplicaciones. Desde curar el cuerpo físico, sanar el emocional, y elevar el espiritual, acercándonos a nuestra esencia divina. Múltiples nombres también Reiki, Endarum, Yukido, Energía Universal. Sólo existe una, llámala como prefieras. Está ahí para cualquiera, y se ha usado desde el principio de los tiempos. Para mí es un gran privilegio transmitir esa corriente tan efectiva para quien la recibe como lo es para mí darla. Iniciar a otros seres es una sensación de gran plenitud, difícil poder describirla. Recibir energía. Activando los chakras, tu vida cambia, mejora. Chakra es una palabra sanscrita que significa rueda o vértice, hace referencia a los centros de energía que en el cuerpo de un ser vivo funcionan como una válvula.

Cuando están equilibrados la salud física y emocional se encuentra en equilibrio también. A través de ellos las manos se utilizan como canalizadora. He vivido experiencias extraordinarias, tanto al transmitir como al recibir. Me he sentido transportada a otras dimensiones, he notado presencias, he visto físicamente como el dolor salía de mí en forma de humo. En la playa he experimentado la sensación más hermosa hasta ahora. Es lo que siempre se llamó imposición de manos. Manos milagrosas o manos de Amor. Si todavía no lo has hecho te invito a probarlo, hazlo con fe, con devoción y el resultado será espectacular.

EL VICIO DE LEER

Desde que recuerdo siempre he leído sin conocimiento, sin descanso y sin medida. Recuerdos noches casi en blanco concentrada en acabar un libro, incapaz de dejarlo cuando estaba llegando al final. Mi padre tenía muchos libros que yo leía con fruición, erráticamente sin orden ni desorden, por el puro placer de leer sin más objetivo. Había de todo mezclado, desde algún clásico hasta novelas del Oeste. Y como nadie me guio ni supo explicarme creo que me convertí en la mujer autodidacta que nunca deje de ser. Ahora también leo de todo, pero algún libro menos ya que internet es la biblioteca más nutrida del mundo, y engancha sobremanera. Mi libro preferido de todos los tiempos, ese que he perdido la cuenta de cuántas veces lo leí, prestado, perdido, restituido. Cien años de Soledad, de Gabriel García Márquez. Cada vez que lo leo vuelve a enamorarme como la primera vez, vuelvo a enredarme en sus redes, sus palabras, sus imágenes de lectura mágica e intemporal. Otros libros me cambiaron, me ayudaron y me guiaron. El poder del ahora de Eckhart Tolle, ha sido muy importante en mi vida, en momentos de crisis para hacerme reaccionar. Otros me sirvieron de apoyo como Las 7 leyes espirituales del éxito o Los 4 acuerdos. Ha habido otros libros que ame y disfrute que son El amor en los tiempos del cólera y La casa de los espíritus. Todos ayudaron a configurar me, me aportaron, me sirvieron. Y me contagiaron el placer de escribir. A mi manera, como yo soy, siempre a mi modo, como debe ser.

VIAJES

Viajar siempre que podáis, hasta cuándo parezca imposible, no importa la distancia, a veces tampoco importa demasiado el lugar. Porque el viaje está dentro de la mente. Por eso hay que abrirla como abriríamos la ventana a un amante soñado. Viajar y respirar lugares desconocidos, respirar y aspirar su esencia con anhelo de atraparla. Aprender, sentir, vivir mil aventuras en cada viaje. Descubrir mundos, es la auténtica magia de viajar, hacerlo con pasión, con fruición. He viajado por pueblos y también por ciudades, por el desierto y a través del mar, anduve por calles y callejuelas, me bañé en ríos y lagos, volé, navegue, camine por el norte hasta Santiago, por la sagrada ruta recorrida mil veces antes por los peregrinos. Llegue hasta países lejanos, y a lugares cercanos también, en cada uno aprendí algo, me impregne de gentes y culturas, en cada uno de ellos me sentí feliz, por el simple hecho de hacerlos, lo haré mientras pueda, mientras tenga fuerzas. Una vez y otra y otra vez, mi pasión.

TODOS LOS DIAS TIENEN SU DON

Hay días dulces.
Días tiernos.
Días largos y días cortos.
Días con cadencia y días vitales.
Días inolvidables.
Días con Ángel.
Días con Sol.
Días trepidantes y días tranquilos.
Días de viajes y aventuras.
Días que atrapan.
Días que agotan.
Días que enamoran y días que desenamoran.

Días que liberan y días que encadenan.
Días apasionantes y días que apasionan.
Días templados y días helados.
Días para reír y días para llorar.
Días con risas y llantos a la vez.
Días para sonreír.
Días para soñar y días para pensar.
Días de lluvia y días radiantes.
Días sombríos y días lunares.
Días tristes y días amargos.
Días que duelen y matan.
Días eternos.

Pero todos merecen la pena de ser vividos, como regalos divinos, aunque no seamos capaces de entender. Aceptarlos, abrazarlos, cada uno con su Don.

SIN FORMULAS NI MAGIA

Sin fórmulas ni magia. No hay ninguna fórmula mágica para ser feliz. Tu eres tú fórmula, tu varita mágica, tu jardín del Edén, tu olla del arco iris. Tu regalo, tu presente, tu futuro, tu destino. Mírate hacia dentro y extrae tu panacea. Búscate, encuéntrate, créete y crearas.

Solo tú puedes hacerlo.
Solo tú sabes hacerlo.
Solo tú debes hacerlo.
Solo tú te harás feliz y será a tu modo.

PARA TI PILLA

Te quiero mi negra. Color negro, color de los perros malditos. No recuerdo ni cómo llegaste, solo recuerdo que…. Te veía tan feliz que me sentía feliz por inercia, por la inercia contagiosa de los amores gratuitos. De esos que te llegan sin hacer demasiado para recibirlos. Entre quererte y adorarte paso un trecho, que cultivador a base de miradas tiernas, de aquella complicidad que al principio no busque. Por qué me elegiste? Dios sabe porque, Dios sabe que es lo que me viste, él sabrá que te contó para tanto quererme y cómo conseguiste enamorarme. De esta vida a la eternidad no hay tanto trozo. Y sin saber ni cómo ni porque te convertiste para mí en la más especial entre las bellas. Así que con un pacto sellado entre tu alma y mi alma te digo ahora y por siempre... Te quiero mi negra.

DE PROYECTOS

Tener un proyecto está relacionado con las palabras proyectar y proyección. Proyección proviene del latín *proiectio* y hace mención a accionar. Vendría a ser pensar un objetivo o acción y diseñarla en nuestra mente o gráficamente estableciendo los medios necesarios para llevarlo a su fin. Sería como trazar un plan de acción. Empecemos por desear algo fuertemente y convertirlo en nuestro proyecto, debe surgir desde la mente y el corazón y después sacarlo al exterior. Hagamos que la estrecha unión existente entre proyecto y proyectar nos conduzca a realizar nuestros sueños. Se tu sueño, fundente con él, lánzalo con fuerza al mundo. Alimentarlo. Si estás en completa seguridad, desecha las dudas si es que están surgiendo. Si en algún momento te bloqueas, vuelve al origen, vuelve al instante en que tu sueño germinó.

Si en algún momento paras, no te preocupes, respira y vuelve a caminar. Proyecto, proyectar, proyección.

HACER FELIZ CREA ADICCIÓN

El hecho de hacer feliz a alguien produce a su vez felicidad. Esta sensación tan maravillosa puede resultar muy adictiva. Todo tiene su razón de ser, las emociones placenteras hacen que las llamadas hormonas de la felicidad se liberen en el organismo. Y llenar de felicidad a otros seres resulta emocionante, estimulante, y placentero. Si vamos por el mundo regalando felicidad el resultado será espectacular. Es cuando te preguntarán, que haces que se te ve tan feliz? Y será tu secreto. O no lo será. Quizás decidas compartirlo al mundo entero. Ese secreto que hace que tus ojos brillen y luzcas una enorme sonrisa. Tú decides si compartirlo o no. Tú decides si hacer tal regalo.

LA IMPORTANCIA DE UN SALUDO

Cuando caminas por la calle y saludas a alguien hazlo desde tu corazón, que tus palabras sean sinceras, que tú abrazo sea profundo, que tus buenos deseos tengan sentimiento. Dedica unos segundos a desear realmente felicidad a ese Ser. Los encuentros no son fortuitos, cada paso, cada gesto, cada situación sucede por algo. No siempre es necesario saber el porqué. La vida tiene un entramado de hilos perfectamente tejidos, cada segundo se enlaza sincronizado con el siguiente. Es bueno tomar el hábito de saludar conscientemente. Sabiendo que algo está sucediendo en ese preciso instante. Algo programado a la perfección en el Plan Divino. Sintiendo. En consciencia

LA CULPA COSMICA

La culpa es una de las emociones con menos utilidad que existen A su vez es una de las más dañinas, como un veneno que se va filtrando. De que nos sirve sentirnos culpables? Si cometimos un error y podemos repararlo adelante, si dañamos a alguien y tenemos la posibilidad de pedir perdón, adelante también. Pero si ya no existe vuelta atrás, culparnos no nos servirá de nada, y lo que si conseguiremos es sentir un malestar dentro que se acumulará causando un dolor sordo e interno. Que suele ocurrir con el dolor cuando no sabemos gestionarlo? Pues que lo proyectamos hacia fuera, hacia quiénes tenemos cerca, y a veces buscamos culpables para liberarnos de ese dolor de esa densidad negativa que nos rodea. No sirve de nada culparnos puesto que lo hicimos lo mejor que supimos en ese momento, según nuestra consciencia, según nuestra evolución, y nuestras circunstancias personales. Lo importante es reconocer, ser conscientes y mejorar, ir hacia adelante, y no dejar que la culpa bloqueé nuestro avance y nuestra progresión.

SOBRE LA TRISTEZA

Existe la tristeza pasajera, puntual, con motivo o no a veces nos sentimos tristes, forma parte de las emociones humanas y así lo aceptamos. Y también existen personas tristes, es su condición, y su forma de vida, os diré algo, no podemos ayudarlas. Es su decisión y con ella en la mochila han venido a esta dimensión. Quizás podremos aliviar las temporalmente, pero su tristeza retornará. Es como estrellarse contra un muro triste y melancólico. Solo tenemos una opción, que nuestra energía les ayude a elevar y encontrar el camino, nada más, están en su derecho. Si llega a afectaros en exceso necesitaremos tomar distancia y seguir nuestro rumbo con alegría, es nuestra elección.

DE LA VIDA Y LA MUERTE

Entre la vida y la muerte hay un resquicio por dónde se escapa el amor y el dolor abrazado al apego. Realmente no hay vida ni muerte sino camino hacia otra dimensión. Puede que resulte difícil de entender. Amar de verdad es dejar partir, soltar, entender que es su momento de transcenderlo y alcanzar la auténtica Paz y felicidad. Nuestro apego un poco egoísta no desearía separarse jamás del objeto de nuestro amor, pero solo buscando no sufrir. Liberar y liberarnos es la generosidad suprema. Los que se fueron quieren que estemos felices, alimentándonos de su hermoso recuerdo hasta que se produzca el reencuentro. No es un adiós definitivo, es un paréntesis. Es temporal y atemporal. El tiempo como lo conocemos solo existe en nuestra dimensión.

MEDITACIÓN PARA NUESTRO PEQUEÑO YO

Buscamos un lugar tranquilo y acogedor. A la luz de las velas o de la lámpara de sal. Música suave. Quemar incienso. Respiramos con lentitud y cada vez más profundamente. Vamos muy despacio relajando cada parte de nuestro cuerpo. Y nos dejamos llevar por nuestra mente visualizando el momento en que el óvulo recién fecundado se ha convertido en un diminuto embrión en el vientre de nuestra

madre. Y le enviamos mucho amor para que se sienta querido y protegido. Sentimos el amor en nosotras, ese amor que hemos recibido. Después viajamos al momento exacto en que estamos naciendo, asustadas al abandonar un espacio cálido y conocido. Abrazamos a ese Ser que acaba de llegar al mundo y lo tranquilizarnos. Seguimos trasladándonos a momentos cruciales en nuestra vida, cuando nos sentíamos vulnerables, con heridas y temores. Y en cada uno de esos momentos volvemos a abrazarnos. Sanando así heridas antiguas y profundas.
Resulta profundamente sanador. Lo recomiendo

NOCHES DE SAN JUAN

Noches de San Juan con preludios de lunas. Danzar, danzar que vuelen las faldas, danzas que fueron de antes, de hoy y también serán de mañana. Gracia femenina, poder, amar y amarse. Crecer y volar al ritmo del Universo.

Noches de San Juan que no dejan indiferentes. Que crean una huella renacida para que perdure a través de unas y otras generaciones guardianas. Para liberar y liberarse. Al calor de la luz y las hogueras.

Cerca del fuego purificador siempre. Al inicio del verano. Cosechando lo sembrado, agradeciendo haber sembrado, la vida.

DESPERTAR AGRADECIENDO

Despertar agradeciendo. Despertando y agradeciendo quizás la oportunidad de rehacer. Cada día es nuevo. Indiscutiblemente diferente, su perfección depende de ti. Porque hay un espacio celosamente guardado donde tú decides lo que dejas entrar. La decisión acertada será proporcional al grado de felicidad que consigas alcanzar. El baremo está en ti, en como reaccionas a lo externo. Si hoy proyectas aceptar solo emociones positivas, estás serán las únicas que manejaras y eso te conducirá a un estado elevado, íntimo e inaccesible.

SOBRE LA NADA

Ser feliz sin.... Ser feliz sin apegarse a nada ni a nadie. Ser feliz sin apegarse siquiera a nuestro Ser. Desapegándonos del todo llegaremos a la profunda felicidad que produce la nada. El Ser sin ser. La consciencia en la no consciencia. La belleza de sentir la no existencia. El tiempo sin hora ni espacio. Ese mágico momento que nos traslada a lo que será el no _existir en esta dimensión. Solo flotando en esa bruma espesa del desapego penetramos en la felicidad sin límites.

SOBRE DAR

Dar desde dentro, desde el corazón, dar porque sí, porque nos nace. Dar con alegría, dar con sentimiento, dar con entusiasmo. El arte de dar se realiza sin esperar nada a cambio. Sin presión, sin exigencias, sin agobios. Hay hermosos seres que son de Dar y suelen ser mágicos y felices. Podemos probar a dar lo que tenemos, material o no. Pueden ser gestos, emociones, sentimientos, sonrisas, guiños. Improvisa. Da lo mejor que tengas y comienza a recibir también. Dar porque sí.

EL VALOR DEL TIEMPO

Realmente el tiempo no existe Claro está que existen las horas y los minutos. Pero para el Universo no existe el concepto del tiempo tal como lo conocemos. No existe pronto o tarde. No existe demasiado tiempo o poco tiempo. Y no existe con este concepto por una razón, porque todo sucede en el momento perfecto. Todo ocurre cuando

llega su momento. La perfección dentro del caos.
En los desajustes y en los des tiempos.

ENTRENAMIENTO

Ser feliz requiere un eficaz entrenamiento
Hay quien me comenta que se me ve siempre muy feliz. La verdad que salvo momentos puntuales, me considero una persona feliz.
Esto no sucede porque sí. Requirió y requiere entrenamiento. Por alguna

razón nuestro ser se inclina a las preocupaciones cuando debería ser lo contrario. Sumergirnos en un estado de felicidad siempre que sea posible. Yo llevo años entrenando para conseguir mi felicidad. El entrenamiento funciona. Ejercitar, cada día dedicar unos minutos. Y si queréis me contáis el resultado.

DE EL PRINCIPITO

Todo el tiempo que le dedicaste a tu rosa es lo que hace que sea importante. Todo el amor. Todo el mimo. Los desvelos. La ternura con la que hiciste crecer. Como la protegiste. Son lo que la hace importante a tus ojos. Son los que la hacen distinta y especial para ti. Piensa. Cuál es tu verdadera rosa? Tu familia? Tu pareja? Tus amigas? El nombre de tu rosa.

FAMILIA

En cada familia hay verdaderos maestros, que representan un rol tortuoso y difícil para los demás, lo son desde el dolor y la negatividad. Es decir, aprendemos de ellos a través de la dificultad de la relación. Experiencias que nos hacen crecer, transcenderlo, transmutar. O podemos elegir un rol de víctimas. Es nuestra elección. Aprender y elevarnos o no avanzar.

Situaciones que afrontamos desde la vulnerabilidad, con las emociones en la piel.

Cuando quién más debería amarnos y protegernos parecen ser nuestro peor enemigo. Piedras en el camino que cuesta sortear. Una vez superadas son una liberación. Soltar lastres. Continuar con la vida. Sanadas las heridas. Un gran paso vital.

PREJUZGAR

Significa juzgar antes de saber, antes de conocer. Entrando en un terreno desconocido que no nos pertenece. Cuando juzgamos, o nos juzgamos es difícil ser justos, porque las verdaderas

razones del alma no alcanzamos a conocerlas. Lo vivimos desde la niñez, los adultos juzgan y prejuzgan como algo natural. Ahora puede ser el tiempo de cambiarlo y fluir aceptando sin juzgar. Un gran paso en el camino de soltar. Empezando una nueva forma de vida.
Un feliz cambio.

MOTIVANDO

Motivar, Motiva, ser como un motor que vibra y hace vibrar. Cuando consigues motivar a tu alrededor y que las personas saquen lo mejor de sí, esta acción tiene el mágico poder de despertar tu propia motivación. Cada día puedes hacer de tu capacidad un regalo al Mundo.

Mueve.
Despierta.
Empuja.
Zarandea con amor.
Reparte alegría y felicidad.

EL PODER DE LAS PALABRAS

Tantas veces las palabras salen de nuestros labios sin pensar. Y de allí viajan transmitiendo ideas, pensamientos, emociones. Palabras de amor y de odio de consuelo y de furia. Con inmenso poder.

Ese inmenso poder del que a veces no somos conscientes puede crear o destruir, unir o romper, elevar o hacer caer o hundir. Deberíamos cuidar nuestras palabras como si se tratarán de un delicado objeto, pues tienen un valor incalculable. A veces es importante mantener el silencio. A veces mejor callar sin decir. Y mejor no hablar. Y cuando hablemos dotar a nuestras palabras de sentido y valor. Llenas de buena intención. Que sean útiles y prácticas. Benditas palabras.

RENACER

Lo creas o no, lo sientas o no, cada día sucede un hecho maravilloso. **RENACEMOS**. Tenemos la increíble posibilidad de empezar de cero otra vez, de olvidarnos de lo que fue o pudo ser y centrarnos en lo que *ES*. Lo que es estar vivo, con sus consecuencias, con el aprender y palpitar vibrando de pura energía, porque en algún momento elegimos caminar por esta experiencia vital, por esta dimensión y podemos modelarlo y saborearla a cada instante. Os invito a un milagro diario. Renacer.

UN ZAPATO EN LA CALLE

Es una sensación que siempre me resulta extraña cuando caminando por la calle te encuentras un zapato, pero solo uno. Misterioso. Anónimo. Cargado de historia.

Un triste, solitario un aparentemente abandonado zapato. Mi imaginación se dispara. A quien pertenecerá ese zapato?

Alguien lo habrá perdido y volvió a su casa con un pie descalzo? Cuál será la historia del zapato desparejado? Alguien salió huyendo desesperado y no se dio cuenta de lo que dejaba atrás? O lo noto pero no hubo tiempo de volver a recogerlo? De esta historia no sabemos el final. No ahora. No todos los misterios se resuelven? O podemos inventar el final qué más nos guste. Libremente.

AMO MI SOLEDAD

De niña y también de jovencita temía quedarme sola, sobre todo de noche. Por la noche rondaban monstruos que yo no podía ver. Solo se disipaba a base de luz y compañía. Lentamente sin apenas darme cuenta fui creciendo. En algún momento el miedo simplemente desapareció.

De pronto no sé cómo descubrí que amaba estar a solas conmigo. Que lo necesitaba también. Siendo como soy una persona social, igualmente adoro mi soledad. Esos momentos perfectos con mi sola presencia.

La soledad elegida y dosificada es sana y estimulante. Nadie mejor para llenar el tiempo. Un fiable baremo de salud mental.

Bendita soledad.

CURIOSAMENTE

Curiosidad. La curiosidad mató al gato dicen, pero yo no me creo que lo matara y a mí tampoco me matara. Me confieso curiosa.

Siento curiosidad por la vida, por saber, por descubrir. Con la curiosidad de una niña, ansiosa, inmaculada. Deseo hambriento de saber, de conocer, de ver. Curiosidad sana.

Curiosidad estimulante. Esa que te hace adentrarte en los misterios. Que te sientas viva. Que no te quedes atrás. Maravillosa curiosidad.

LAS PEQUEÑAS COSAS

Esas pequeñas cosas que vivimos sin apenas prestarles atención, sin ser conscientes. En el día a día sumamos pequeñeces llenas de sabor y conseguiremos llenar la vida. Si nos lo proponemos, abriremos los ojos y les prestaremos atención. Disfrutar de esas cositas, de esos sabrosos momentos. Hoy podemos ser felices sumando, y con esa suma construir un buen día. Ama las pequeñas cosas, porque las grandes resulta más fácil verlas.

TERNURA

Como definir la ternura. Es más fácil sentirla, mucho más fácil que hablar de ella.

Una bella emoción. Un apreciado valor. Que despierta la ternura?

Lo dulce lo débil, lo vulnerable, lo hermoso,

los niños, los animales…. El afán de protección hacia la candidez y la inocencia.

Se cree que la ternura es más propia de la infancia. Pero un adulto que sabe conservarla suele ser amoroso y considerado.

Aspira a preservarla. Aspira a cuidarla.

Que perdure en el tiempo a través de los años.

CONEXION

Cada día dedicar unos minutos a conectarnos con nuestro Yo. Es la conexión con el Universo, con el todo. Si escuchamos nos dirá lo que necesitamos saber. La información llegará. Nos hablara de nuestra misión. Nos hablara de ser felices.

MUJERES ESCUCHAD

Escuchar el corazón de nuestra madre tierra.

Nosotras tenemos la sagrada misión de salvar este planeta. Debemos hacerlo por nuestras hijas y nuestros hijos y por sus hijas y sus hijos también. Tenemos el poder que nos da el amor del que estamos creadas.

Para preservar las estirpes de nuestras estirpes. Nuestra obligación es curar y salvar la Tierra. Solo nosotras juntas y unidas en círculo podemos conseguirlo. Para ello empecemos por amarnos y protegernos entre nosotras y a nuestras hermanas, y nuestras hijas, madres y amigas. Tomemos el mando de nuestra vida y avancemos, salvemos la naturaleza, salvemos a nuestros guardianes los animales y creemos un mundo sano, mágico y feliz. Quizás ya se puede. Quizás llegó el momento.

PABLO RAEZ

Hay muchas personas que impactan y dejan huella. Pero uno destaca para mí por su juventud y su energía, su positivismo electriza te, esa forma inconfundible de arrastrar a la gente. En sus escasos 21 días de vida le tocó pasar por duras más aún, durísimas pruebas que le marcaron y que no consiguieron derribarlo sino todo lo contrario. Él le dio la vuelta a su experiencia, a la leucemia que se lo llevó de esta vida no sin antes dejarnos un precioso legado.

Su lema era "Siempre fuerte ". Un lema que dio la vuelta por todo el país, desde las redes sociales salto al resto de medios convirtiéndose en viral. Su lucha sin cuartel fue concienciar para la donación de médula.

Algo sencillo que puede salvar muchas vidas.

Solo en Málaga las donaciones de médula aumentaron un 1300%.
El dejo dicho:

"LA MUERTE NO ES TRISTE, LO TRISTE ES NO SABER VIVIR"

DANZAR, DANZAR SIN MÁS

Danzar.
Expresar.
Movimiento.
Ritmo.
Pasión
Disfrutar
Soltar.
Sumergirse en un mar de música y dejarse llevar.
Movimientos lentos.
Movimientos rítmicos.
Movimientos enérgicos.
Relax o energía.
Danzar y fluir.
Danzando me siento viva.
Danzar descalza.
En casa, en la naturaleza.
Eterno baile.

Movimiento perpetuo.

SAHARA EN EL CORAZON

Las experiencias son las que hacen que te conviertas en la que eres, o en la que vas siendo, porque espero y deseo seguir construyendo me. Escuché que se necesitaban familias de acogida para niños refugiados saharauis ese verano, la primera vez que lo escuché lo deje pasar, pero días después volví a escucharlo y esta vez me resonó más.
Yo en mi mundo en lo que estaba pensando era en irme de vacaciones.
Pero me dijeron que a los peques les encanta también ir a la playa, lógico claro, pero que sabía yo entonces, nada no sabía nada de su historia, esa historia que ya pasó a ser parte de la mía, parte de mi vida, muy importante, y sin vuelta atrás. Con lazos de amor imposibles de deshacer. La frase que dice Sáhara en el

Corazón, no es para nada una frase hecha, es de verdad, el Sáhara se te mete hasta dentro del corazón. No sé porque, o igual sí que lo sé. Lo que sí sé es que el Sáhara me acogió en sus entrañas y toco todas las fibras de mi ser.

El Sáhara, la Causa, porque así es, una causa intensa en sí, una experiencia transformadora. Difícil de entender sino lo has vivido. A través de estos niños se entra en contacto con su cultura, tan rica y diferente, con grandes valores que siguen conservando a pesar del destierro, la diáspora y la dureza de ser un refugiado en todas sus facetas. La gran mayoría viven en el desierto argelino, en la Hamada, la Nada, una tierra sin esperanza excepto para los saharauis, uno de los desiertos más inhóspitos del planeta. Los amamos y cuidamos hasta donde podemos, pero su karma y su destino están ligados a su leyenda y a su pueblo. A pesar de ello se han preservado sus costumbres, quizás por supervivencia. La bendita y legendaria hospitalidad saharaui. Si visitas una jaima saharaui te vas a sentir tan mimado y atendido que no vas a querer salir de allí.

Tomando el té saharaui rodeado de un hermoso ritual, una forma lenta e hipnótica de prepararlo.

El primero amargo como la vida, el segundo dulce como el amor, el tercero suave como la muerte. Charlar largas horas, pasear por las dunas, ver atardecer, dormir bajo el firmamento más hermoso del mundo.

El llamado Don saharaui, se traduciría en compartir lo que se tiene. La unidad de la familia. El respeto a los ancianos. Me he impregnado tanto de la esencia que no se distinguir entre la que era antes de mi encuentro con el Sáhara y la que ahora soy.

Gracias Sáhara. Gracias saharauis.

FLORES DE BACH

No existe enfermedad sino enfermos. El doctor Bach nos planteó la importancia de combatir las causas emocionales de las enfermedades para llegar a la curación.

La enfermedad como conflicto entre el alma y la mente. Un aviso de nuestro Yo para hacernos conscientes de nuestros errores.

Cuando nuestra alma está en paz todo fluye con armonía. La personalidad de cada ser influirá en su estado de salud.

Hablando del doctor Bach, diremos que nació en Gales en 1886. Avanzado a su tiempo, sensible y sobre todo lleno de amor y de bondad.

Trabajaba como bacteriólogo, pero no demasiado conforme con la medicina tradicional se dedicó a investigar otras fuentes. De estas investigaciones nacieron los 38 remedios florales, tras muchos estudios observo que las gotas de rocío posadas en las flores conservaban su vibración. Concluyendo que cortando las flores y dejándolas en agua, al secarse está agua mantendría la vibración, se le añadía alcohol para estabilizar las.

Este sencillo procedimiento da como resultado los conocidos remedios florales del Doctor Bach .Se dice que su existo puede deberse al efecto placebo, pero esto lo contradice los excelentes resultados que se consiguen en bebés y también en animales.

Además de los 38 remedios preparo el número 39 El Descuento Remedy (rescate).

Es el remedio urgente, y el más usado, incluso en pomada. Las flores utilizadas provienen de plantas que poseen una vibración superior, cada una de ellas vibrando en una determinada frecuencia, aumentando nuestras propias vibraciones y abrir nuestros canales a la sabía energía del Universo. Puedo asegurar que en momentos críticos de mi vida las flores de Bach fueron para mí un apoyo providencial. Sirven para cualquier desequilibrio emocional y son totalmente inocuas.

GATOS, GATOS, GATOS

Me fascinan, libres, armoniosos y amorosos cuando así lo desean. Con un lado salvaje y otro doméstico, en perfecto equilibrio.
Bellos, bellísimos, una obra perfecta de la divinidad. Puedes pasar horas solo observando sus movimientos. Indolentes y perezosos pero capaces de estar alerta en segundos. Además son mágicos. Los guardianes del inframundo les llaman. Desde siempre, desde que recuerdo, crecí rodeada de ellos. Mis protectores. Siempre a mi lado.

OJALA SEA UNA PESADILLA

A veces pienso que me despertaré y será solo una pesadilla. Que lo habré soñado, que no es posible que los seres humanos se alimenten de otros seres que también tienen sentimientos. Dentro de la pesadilla se coloca el pasear por un supermercado y ver expuestas bandejas y más bandejas de cadáveres de animales, algunas exhiben las cabezas con sus correspondientes ojos, boca, orejas. Como invitando a un festín sangriento. En otras se hallan repartidas vísceras, lomos, patas, pezuñas. Más siniestro es todavía ver mostradores con peces agonizantes o crustáceos que serán cocinados vivos. Soy de las que piensa que en el Universo existen civilizaciones mucho más avanzadas que la nuestra. Que pensaran ellos a su vez si nos observan y constatan que hemos normalizado la crueldad y el maltrato? Yo amo profundamente a los animales no humanos, tanto que siento una conexión muy pura con todos ellos. A veces tengo que ejercer todo mi autocontrol para no enloquecer, en la esperanza y la convicción absoluta de que un día este mundo será vegano, al igual que otros mundos lo son y seremos capaces de vivir en armonía con toda la Creación. Un día despertaré y no será una utopía, un mundo vegano y en Paz es posible y es fácil. Mientras queda concienciar, dar ejemplo, desde el amor, siempre ha de ser desde el amor.

LO DIJO EL POETA, SE HACE CAMINO AL ANDAR

Y al volver la vista atrás se ve la senda que nunca se va a volver a pisar. Si el aprendizaje es el adecuado, no volveremos a pisar esa misma senda. Habrá otras. Nuevas, distintas. Más duras o más suaves pero diferentes. El Camino de Santiago es un camino espiritual con más de doce siglos de antigüedad. La Gran ruta peregrina de Occidente, se relaciona con viejas tradiciones esotéricas o espirituales. Aunque la peregrinación es a la tumba del apóstol Santiago este no es el verdadero objetivo para la mayoría. En su origen era una ruta precristianos, sobre la que se sustenta la actual, la que ahora conocemos. Las señales y el destino me empujaron a hacer el Camino Inglés, y no el francés que es el más conocido.

Se llama así porque los ingleses que peregrinan a Santiago en la Edad Media llegaban por mar y arribaban a Ferrol o a Coruña, la ruptura de Enrique VIII con la iglesia católica causó el final de la peregrinación inglesa, y esta ruta durante siglos prácticamente cayó en el olvido.

Ahora se ha vuelto a revitalizar, para mí resultó muy íntima, introspectiva, justo lo que necesitaba. Cuando vas buscando y no sabes que buscas, el esfuerzo físico, la casi total soledad en medio de la naturaleza durante horas, te hace al menos conectarte con la vida, con los misterios. Una gran experiencia, dura, corta, intensa. Acumuló de experiencias en la mayor parte positivas.

La magia nos rodeaba y curiosamente los gatos. Que son la pasión de los dos amigos que compartíamos el camino. Cuando las etapas nos resultaban más difíciles aparecían gatos, constantemente, para darnos fuerza y aliento. Recibir una llamada del Sáhara, en un lugar perdido donde no había cobertura, en el momento que la etapa era la peor de todas me confirmó estar haciendo lo correcto. Sigue, sigue, puedes, vas a poder.

Es lo que entendí. Un último empujón vital, ayudas divinas. Conocer gente estupenda.

Agotarnos. En algún momento pensar en no poder más. Y al final llegar a Santiago, encontrarse con esa ciudad tan bella, atemporal, acogedora de peregrinos, rebosante de maravillosa energía. Y terminar en Finisterre, con su belleza salvaje. Sus leyendas, sus ritos mágicos.

El lugar donde muere el Sol para volver a renacer Y así volví, renacida. Esperando no volver a transitar por antiguas sendas, aunque a veces la vida te lleva y te trae, adelante y atrás, sin misericordia creemos, pero con un gran amor.

DE PRONTO LLEGAS A SER MAESTRA

Y de pronto la vida te coloca en un papel, ser maestra y es algo que llena de plenitud.

Me encanta enseñar lo que he ido aprendiendo de aquí y de allí a lo largo de mi vida. Esto no significa estar en un lugar más elevado, significa que has aprendido y puedes transmitir esos conocimientos.

Los conocimientos que necesitamos para nuestra misión de vida llegan de muchas formas, a veces increíbles.

Por eso es tan importante tener la mente abierta. Personalmente enseñar me llena de una genuina emoción, realmente enseñar lo que te apasiona, como el Tarot, resulta muy fácil. También realizar iniciaciones a Reiki llena de una energía que vibra muy alto.

Se sabe que forma parte de nuestra misión porque aporta paz, alegría y una gran felicidad.

HAZ DE LA AMABILIDAD TÚ FORMA DE VIDA

Siempre me he considerado una persona amable en general, pero es cierto que a veces cuando me topaba con personas maleducadas o abusivas también mi ego tomaba las riendas, y quizás me enfrentaba a ellas. Con el tiempo y la evolución he percibido que la amabilidad es una forma de vida, agradable, placentera y muy positiva.

Puedes hacer la prueba, te encuentres con quién te encuentres en el día a día, tú trata a todo el mundo amablemente.
Una palabra alentadora, una sonrisa, una disculpa si es necesario. Veras el cambio si se produce, como se eleva la energía, algo se transforma en el ambiente. Es el poder de la amabilidad. Hacer de la amabilidad tu forma de vida consigue que quienes te cruces en el camino muestren su lado más amable.

BREVE SOPLO DE FENG SHUI

No soy ni pretendo parecer una experta en Feng Shui, pero en este espacio en el que hablo de mis experiencias sobre evolución y espiritualidad quiero hablar brevemente sobre esta práctica milenaria china.
Significa literalmente Viento y agua.
A través de la disposición del espacio ayuda a armonizar a atraer la fortuna,

calma y bienestar aquí van algunos consejos:

Puertas que chirrían, quizás no le prestamos atención a ese sonido desagradable, pero a lo largo del tiempo provoca un desequilibrio de energía, es fácil devolver la sintonía al espacio vital aceitando las bisagras.

Poner una fuente de agua en la entrada de la casa, el agua debe estar en circulación, porque estancada estancados la energía Chi del hogar. Este flujo de agua hará aumentar la fortuna.

Poner plantas en la cocina entre los muebles y el techo de la cocina se queda energía bloqueada, para desbloquear y dar más vida a la cocina las plantas naturales son perfectas.

Cerrar la puerta del baño, por el baño el agua se va, se escapa la abundancia, para minimizar esa pérdida dejar siempre la puerta del baño cerrada.

Ubicación de la cama, la cama es el lugar donde descansa cuerpo y mente, no debería estar colocada enfrente de la puerta no el cabecero debajo de la ventana. Tampoco es conveniente que

haya un espejo en la habitación porque puede provocar insomnio, pero sobre todo nunca frente a la cama en la habitación de dormir. No es adecuado televisores, ordenadores teléfonos etc.
Espero que estos consejos os sirvan para armonizar.

EL BIEN ES UNA DIMENSION

Al igual que existe la dimensión del Mal, existe la dimensión del Bien. Es ese lugar donde se encuentran las buenas gentes.
Un espacio construido por personas solidarias, altruistas, voluntarias, que dedican una parte de su tiempo a ayudar

a los demás. Como pueden y en la medida de sus posibilidades. Solo porque hay que hacerlo, ya que otras personas lo necesitan.

Porque les resulta imposible cerrar los ojos para no ver la realidad, lo que les sucede a otros seres sintientes, humanos o no humanos, y al propio planeta Tierra. Es la energía poderosa del Bien. Es esa dimensión que nos acerca más a nuestra humanidad.

A QUIEN CONOCER PRIMERO?

Conócete a ti misma. Y empezarás a conocer el mundo, empezarás a entender a los demás. Al conocerte reconocerás tus reacciones y las reacciones. Serás capaz de quedarte quieta cuando estás a punto de salir de tu centro.

Entenderás la vida de otra manera, pues la vida es nuestro propio reflejo. Si te conoces de verdad no te mentiras. Sabrás y sortearas tus límites. Conocerte es conocer tu sombra también. Lo importante es conocer tanto lo bueno como lo malo. Busca la manera de conocerte y te entenderás.

SAWABONAY Y SHIKOBA

Palabras hermosas por sí mismas. Cuenta la leyenda que existe una tribu en el sur de África que las aplica.

Cuando alguien tiene un comportamiento inadecuado lo llevan al centro de la tribu y lo rodean. Todos cometemos errores y al reunirse lo que hacen es reconectarlo con su verdadera naturaleza de bondad. Todas las gentes del poblado lo repiten. Sawabona, que sería como yo te respeto, te valoro y me importas. La persona les responde….

Shikoba que sería, soy bueno y te importo.

Así la persona que cometió el agravio se siente querida y valorada. Con este lenguaje de amor se recuerda que todas las personas tenemos un interior de bondad, aunque a veces nos desviemos. Nunca es tarde.

Siempre existe la posibilidad de rectificar.

SAWABONAY,
SHIKOBA

ERES UN SER DIVINO, LO SABES?

Sabías que eres un Ser divino? Si tienes alguna duda quédate en silencio y **escúchate**. Sentirás esa chispa divina dentro de ti. Cómo sino podría tu corazón palpitar? Como sino la sangre fluiría por tus venas? Como sino tus ojos podrían ver?

Como sino tus oídos tendrían la capacidad de escuchar? Como reconocerías los aromas?

Cómo tus manos podrían acariciar? Como tu boca podría reír, tus pies bailar, tus brazos abrazar? Como sino podrías amar?

Estamos hechos y formados de divinidad.

Una parte del magma divino. Como sino podríamos tener un alma inmortal? Puedes sentirlo dentro de ti?

Y LLEGO EL TEATRO COMUNITARIO

Así de sopetón, que es una palabra quizás no muy literaria, pero tremendamente gráfica.

Cuando tenía unos 14 años estaba en mi mente ingresar en la escuela de teatro, no sé si estaba en la edad adecuada o no, pero ya había buscado donde estaba e incluso los horarios, pero mi padre se negó rotundamente, tal como él era, con el ego y el machismo que lo dominaba enganchado en cada rincón de su piel.

No sería el momento y mi vida siguió por otros rumbos, cómo siguen las vidas, al menos la mía, con bastante intensidad.

Y hace unos meses me hablaron de un espacio donde enseñaban teatro, yo estaba indagando fórmulas para estimular a una niña muy importante para mí, que necesitaba un buen empujón vital.

Así que la curiosidad que nunca mató a nadie, ni siquiera mató al gato, sino que lo hizo más sabio me llevo a acercarme.

Me habían dicho que era una forma de

teatro más libre, es decir que no había inscripciones, nadie te obliga, si un día ibas eras bienvenida y si otro no ibas pues peor para ti, esto último lo percibí después claro.

Y lo que descubrí es algo que no conocía, porque además es poco conocido también.

No es "teatro "al uso, ni siquiera es teatro alternativo, la descripción podría ser, teatro de la comunidad, para la comunidad.

Porque lo hacemos las mujeres sobre todo, estadísticamente hablando, mujeres del barrio, actuando para el barrio, para los barrios. Abierto, construyendo y co-creando.

El teatro comunitario nació y se crio en Argentina y ahora ha llegado a España y concretamente a Zaragoza, mi ciudad, traído por dos personas que creen en él, y lo viven con tal pasión que es imposible que no me quedara enganchada al proyecto. Y hablando de enganchar, nosotras ensayamos y convivimos en el Gancho, un barrio absolutamente peculiar, pero hablar de él daría para otro capítulo. Y este es para transmitir un poco, una parte de lo que me ha regalado el teatro comunitario.

Para mí está forma tan libre me encaja, realmente lo que te ata es que nadie pretende hacerlo. Me está haciendo crecer en algo que yo no sabía hacer, que es interpretar, ganándole batallitas a la timidez, y superando ese miedo comandado por el ego de no estar a la altura y quedar mal en público. La idea es que salga muy bien, pero sino fuera así el mundo seguiría girando y los miedos son para saltarles por encima y hacerles la burla sin más. Y qué decir de todo el grupo de personas que no sean cosas maravillosas, desde las que enseñan hasta las que aprendemos, aunque realmente todas aprendemos. Somos un equipo y así lo siento, nos ayudamos y nos apoyamos en todo momento. Y de lo que más me gusta es que nuestra primera obra tiene un contenido social sobre el barrio. La obra se basa en entrevistas realizadas a gentes del barrio del Gancho, de su experiencia y con ayuda de buenos profesionales surgió lo que ya es una realidad. Hemos estrenado una parte, en las calles, por el barrio, y la sensación fue éxito total. Y todo por estar hecha con tanto amor, pasión, y mimo mucho trabajo y algo de improvisación

Como ya dije, el teatro comunitario te hace mejor persona, simplemente porque está formado además de con mucha creatividad por valores fundamentales. Y si queréis conocerlo más solo os queda experimentarlo.

SER CREATIVA

He experimentado que creando me siento más cerca de la espiritualidad.
Supongo que es una cuestión de que la energía creativa eleva. Cuando sientes que has realizado algo hermoso esa sensación de plenitud que te invade te acerca a lo divino.
Como ya he contado tantas veces escribo, escribo, escribo, en cuanto me pongo a ello suele fluir fácilmente. Como también conté, últimamente hago teatro, participó con mucha más pasión que técnica, con más ilusión que anhelo de algo concreto, solo porque me hace feliz, y eso es un lujo que suele alcanzarse al ir cumpliendo años. Hacer porque si, sin afán de nada más.
Puedo decir que escribiendo, actuando, y alguna vez pintando me observo cómo estoy en el buen camino, en el camino alquímico que elegí, para transmutar,

para transmutarme en la que quiero y espero ser.

AMOR ANIMAL

No sé porque, o más bien no alcanzo a entenderlo del todo. Y que me gustaría entender. El amor pasión que siento por los animales, desde niña, desde muy pequeña aparecía en casa con gatos y perros que me encontraba abandonados. Esta faceta mía me ha hecho meterme en problemas, y graves, que mejor no contare aquí. Porque dedicar la vida a salvar animales puede convertirse en una obsesión absorbente y que no tiene fin. Si está dedicación te aparta del camino que has de seguir estás perdida, caes a un pozo del cual resurges, claro, pero lamiéndote las heridas. Y con un dolor sordo en el corazón has de mirar para otro lado y dedicarte a tu verdadera misión, que son los humanos. El conflicto interno parte de que te conmueven más los sufrimientos de los animales. Y esto puede parecer una aberración, pero es así, una puede controlar sus emociones, pero no se elige tenerlas o no. Ellos han venido a este plano a dar amor, amor sin límites, al menos los que conviven con nuestra especie, y por desgracia en muchos casos se les devuelve abandono y maltrato. Últimamente voy entendiendo más porque tantos pasaron por mi vida y se fueron, son los que quisieron estar a mi lado, acompañarme a tramos para facilitarme para aliviar, y les estoy profundamente agradecida, a todos ellos los ame, pero siento mucho no estar a su altura, no poder ni saber alcanzar esa incondicionalidad. Necesitaba expresar esto. Mi consuelo es que habrá un reencuentro en el espacio no tiempo.

No soy capaz de imaginar tremenda emoción, se me escapa de mi humana visión.

HERMOSA COMBINACIÓN

Ser adolescente y madre puede ser una bonita combinación si todo sale bien como fue en mi caso, pero podría haber sido un total desastre. Claro que en mi cabeza enamorada y soñadora no cabía esa posibilidad. A mis 16 años pensaba que mi novio era el amor de mi vida y sería para siempre, que ese amor apasionado e intenso de adolescente escorpiana no tendría fin.

No sé de dónde venía ese deseo furioso y temprano de ser madre, pero ahí estaba, saltándose todas las barreras de la cordura.

Una parte importante de mi contrato de vida pasaba por la maravillosa sensación de tener en mis brazos ese ser bullicioso tan parecido a mí en la forma de sus rasgados ojos achinados. Ser madre es muy difícil de describir, es un ser que está ahí, es parte tuya, estuvo dentro de ti y ahora reclama su independencia, y si lo amas de verdad no te queda otra opción que dejarlo ir, aunque sin hacerse notar tu ojo de madre siempre está vigilando que todo vaya bien y dispuesta a saltar sin paracaídas si hiciera falta. El amor maternal no entiende de agravios ni de distancias, cuando tu hijo es lo que más deseaste, solo tú sabes lo que te une a él, solo otra madre entiende esa emoción. También hay madres que no lo son, solo parieron, pero esa es otra historia.

EN AQUEL TIEMPO

En aquel tiempo yo era una joven un poco superficial, lo reconozco, aunque ya en la Vía del Aikido pero muy al principio. Divorciada y buscando el amor, ese amor que yo no sabía que ya tenía dentro de mí, no necesitaba buscarlo fuera.

Una noche conocí a un chico ,era tan guapo como enigmático y atractivo ,hablamos cuatro palabras nada más pero lo tenía todo el tiempo en mi cabeza y soñaba con sus ojos verdes felinos ,era esto ,sus ojos lo que veía en sueños, pase una semana muy extraña ,el tiempo parecía fuera de lugar .

Hasta que la siguiente noche que salí volví a encontrarlo y ya no pudimos separarnos, durante dos semanas y media pasamos juntos todas las horas posibles, era una medida extraña del tiempo, con categoría de suelo más que de realidad. Hablábamos y hablábamos y también nos mirábamos y brotaban chispas de pasión, pero el sexo no terminaba de fluir. Una mañana de sábado jugábamos en mi cama y de pronto se quedó muy serio y dijo que tenía que decirme algo pero no acababa de soltarlo. Sudaba y no se decidía. Yo le preguntaba si es que estaba casado, o si es que era un extraterrestre lo cual en ese punto no me habría extrañado.

De pronto soltó. Tengo sida. Me quedé helada porque no lo había imaginado, pero fueron segundos, reaccione y lo abrace.

Hace veinte años el sida era una enfermedad maldita un tabú, eso que tenía gente que yo no conocía. Yo en ese minuto decidí que no era razón para no seguir juntos, pero la historia no cuajo, y no por mí parte, sino porque él estaba llenos de miedos, lógicamente, él me decía que cada día que pasaba estaba mejor conmigo y esto le asustaba porque si un día acababa iba a ser muy duro. Yo no entendía esta idea del futuro, pensaba y pienso que sí está bien se disfruta y si se acaba ya me preocuparé en su momento, pero ahí poco más pude hacer.

Fue una de mis rupturas más dolorosas, fue pasar del enamoramiento y la felicidad a la perdida sin transición ni amortiguador.

Pero ahí comenzó realmente la historia, mi historia de amor con el sida, más bien con las personas que sufren esa enfermedad.

Me hice voluntaria en una ONG, que prestaba apoyo y ayuda de todo tipo estas personas y conocí gente que se quedó en mi vida para siempre. Esto sí que fue un tremendo aprendizaje a golpe vital, sin escudos ni barreras porque nunca fui capaz ni quise usarlas. Empecé dando masajes en el local como quiromasajista que soy y luego ayude de diversas formas. Hacíamos salidas, excursiones, como una familia diversa y

extensa. La camilla de masaje era un confesionario. Hice visitas a hospitales Ayude a sanar aunque entonces no sabía tener ese Don. Escuché, abracé, estuve de mil maneras. Tantas experiencias llenarían un libro entero. Muchos murieron, si, así es, aún mueren. Se quedaron en mi corazón.
Con el tiempo abandone la asociación por diversas causas, pero los vínculos más fuertes permanecieron. Ahora el sida ya no suena tan terrible. Es una enfermedad atípica, un intruso que se camufla en el propio cuerpo para no ser reconocido, un intruso traidor, macabro y ladino que espera años para manifestarse.
Espero que esa vacuna tan ansiada salga ya a la luz.

MASQUEPERRAS

Hacia adelante y hacia atrás en el tiempo, lo que marca, lo que enseña, lo importante, lo que va configurando mi historia personal, deseo de corazón que mis experiencias, mis aprendizajes y mis errores sirvan a alguien o para algo. Las **MASQUEPERRAS** somos un grupo de más que amigas, y por qué más que perras? Porque en principio lo que nos unió a casi todas fueron los perros y los animales en general. Pero a partir de ahí jugando con las palabras llegamos a ser mucho más que eso. Soy más que afortunada también porque tengo amigas y amigos por todo el mundo, pero este grupo que creyó siempre en mi a muerte y ahí estuvo cuando mi mundo entero se tambaleó, es mi refugio.

Creo que es nuestro refugio, el de todas, pasarán días sin vernos, pasarán días en que solo nos escribamos banalidades, pero cuando alguna tiene problemas sabe que cuenta con el círculo poderoso para escalar y auparse. Cada una tenemos una personalidad muy diferente, la edad un poco dispar también, pero eso nunca importo. Yo os animo a que tengáis muchas amigas, pero os animo a tener también un círculo de *masqueamigas* en las que siempre podáis confiar, esas leales que te cogerán la mano y no te dejarán caer. Los círculos de mujeres son muy importantes, estos hacen que la fuerza femenina se multiplique. No merece la pena competir entre nosotras, de verdad que la vida es más sabrosa compartiéndola con las mujeres amigas.

EMILIO

No sería yo sin él, no sería yo sino lo escribiera. Cuando ven fotos de los dos por las redes mucha gente me pregunta que quién es ese chico de la silla de ruedas.

Es Emilio y es mi ex, puesto que compartimos vida y casa durante casi 6 años, es decir que fuimos novios y cuando dejamos de serlo lo que no dejamos de ser fue amigos, con algún vaivén, con una larga temporada de separarnos un continente, pero siempre presentes en nuestras vidas.

Pasaste malos momentos, tu vida no ha sido fácil, últimamente te veía muy infeliz, hasta que hace tres años un ictus, y luego otros casi pusieron fin a tu proceso vital.

Es difícil explicar a quién no ha vivido estas experiencias pero cuando estabas luchando por sobrevivir en cuidados intensivos del hospital, podía escuchar perfectamente tus pensamientos, estabas muy cansado y yo no quería que murieras, pero entendía que era mucho más fácil dejarte ir.

Pero tú o la divinidad o no sé muy bien quién eligió que vivieras.

A partir de ahí no puedes caminar, ni hablar, ni tragar la comida, y aun así y aunque parezca de locos te noto más feliz. Es como si tus demonios, esos que te han acosado desde la niñez por fin te dejen respirar y eso te ha traído una paz que nunca conociste.

Eres una alma pura, siempre la fuiste, demasiado sensible como para dejarlo entrever, eso lo sabemos las que te conocemos bien, que somos muy pocas, siempre has sido un amigo fiel con escasas amistades. El invierno pasado una neumonía te llevo al hospital y de nuevo estuviste a punto de desistir, yo intentaba que no me vieras llorar y te hablaba desde mi mente, te decía, si es el momento vete tranquilo te van a recibir muy bien, pero milagrosamente al día siguiente tenías una gran luz a tu alrededor, lleno de vida y te dije, alguien con mucha fuerza te ha venido a ver, alguien de otra dimensión seguro. Dicen que tú sola presencia silenciosa equilibra el espacio en la residencia donde vives. Tienes tú pequeño grupo de fans que te adoramos y te llevamos a pasear un rato o al cine, con mucho cuidado, con muchas limitaciones, mucha gente te conoce a ti y a tu enorme silla con la que nos paseamos por la ciudad.

Lo que más me asombra es como ahora disfrutas de las pocas pequeñas cosas que la vida te ofrece, creo que como nunca disfrutaste ni siquiera de las grandes.

A veces cuando voy a buscarte y te llevo en la silla noto en el centro del corazón una sensación de amor tan clara y pura que me cuesta descubrir. Es todo tan raro, tan extraño y tan bello a la vez.

PSICÓPATA

Si no te has sentido querida de niña, y de adulta andas mendigando amor es muy posible que en algún momento te encuentres con un psicópata, e incluso sino hasta aprendido bien la lección, con más de uno.

Los psicópatas tienen un magnífico radar para detectar a su posible víctima.

Fríos, calculadores e incapaces de sentir empatía, pero por el contrario dan una imagen de personas amables y encantadoras.

Hasta que se descubre su verdadera personalidad. Es devastador. Cuando eres consciente de que la persona que supuestamente te amaba y que comparte tu vida se dedica a intentar destruirte.

Fría e implacablemente. En mi caso, palabras textuales: te voy a hacer daño, fríamente, fríamente, fríamente, recalcándolo, tres veces. Es difícil de olvidar.

O también te voy a hacer daño donde más te duele. Y no en el calor de una pelea o llevado por la ira. Calculadamente. Con la intención de hacer el mayor daño posible.

Los motivos pueden variar pero el trasfondo siempre es el mismo, no conseguir lo que desean y el detonante final es que tú tomes la decisión de romper la relación, no importa que esté totalmente deteriorada, a ellos nadie lo sabe abandona, su ego y su crueldad van a la par, por lo tanto sentirse rechazados es como dañarles la imagen de perfección que quieren mostrar. Cuando por dentro existe vacío de sentimientos la imagen que das al mundo es lo único que te queda. Y saben muy bien fingir esos sentimientos que nunca poseerán. Triste no? Los humanos nos movemos por nuestros sentimientos y emociones. Para algunos es como un juego manipular y utilizar a las personas a su antojo. Les resulta fácil y hasta divertido.

Lo bonito de esto es la lección de vida que supone, lo que se aprende a grandes pasos.

Y lo más hermoso es ser capaz de no sentir rencor, incluso de perdonar.

GLASTONBURY ,O TAL VEZ AVALON?

Salió de la caja de los sueños y se materializó, viaje a Glastonbury por fin. La mítica isla de Avalon, el lugar donde confluyen infinidad de leyendas. Desde que supe de ti sentí una poderosa atracción, de esa magia de pueblo encantado. Y llegó la hora, aunque para ciertas aventuras el tiempo no existe.

Aparecimos allí de noche, muy cansadas, con ojos encandilados de asombro, calles tintadas de cuento, lo lógico hubiera sido codearnos con el mago Merlín o incluso con el propio Harry Potter. Alojarnos en una casa comuna era lo más natural. El primer paseo de la mañana mordida de frescura expectante. The Charlie Well o Jardín de las Hadas:

El nombre (El Cáliz) proviene de una leyenda que habla de cómo el cáliz que contuvo la sangre de Cristo llegó a estas tierras y fue enterrado bajo la colina sagrada de la cual empezó a manar agua de color rojo sangre. Lugar sagrado y lleno de simbolismos. Un santuario de serenidad, energía y luz. Fuente que nunca deja de manar, ni en los años de más duras sequías.

Se la conoce como la fuente roja o ensangrentada, simboliza la energía masculina. Y después encontramos la fuente Blanca que simboliza la energía femenina.

Son aguas con poderes sanadores. Puedes beber de ellas o mojar los pies, pero os aseguro que solo con estar allí notas ese poder. Inspirar lo que necesito, expirar y soltar lo que daña. Meditando en lo alto de los jardines en conexión con la Tierra, recargándote de amor y luz, la madre tierra te hace su regalo. Las corrientes de Miguel y María serpentean por todo el recinto y se sienten en la vibración. El símbolo de Chalice Well se llama la Vesica Piscis y lo encontramos por todo el jardín, son dos círculos entrelazados que representan la unión del cielo y la tierra, Espíritu y materia, masculino y femenino. Al salir me sentía en un estado de gracia y felicidad cercano a lo celestial. Sin ir muy lejos nos encontramos v The White

Springfield, es una cueva en la que brotan varias fuentes, un lugar mágico y místico donde la luz de las velas, los símbolos y los altares con ofrendas te transportan a épocas paganas. Allí se realizan ofrendas a la diosa y puedes bañarte en la fuente de la eterna juventud. Puedes creerlo o no, es tu elección. Disfrutar de paseos por tiendas esotéricas, donde encontrar gran variedad de tiendas de Tarot, olivos de hadas, inciensos variados, libros polvorientos, cuencos tibetanos, velas, hadas y misterio es otro de los encantos de Glastombury. Pero aún faltaba el último día, y quedaba algo importante para terminar el viaje de las maravillas. La subida al monte Thor, las siete explanadas que lo rodean simbolizan los siete chakras. En lo alto la torre que queda en pie pertenecía a la iglesia de San Miguel ,no es casualidad, nunca lo es, San Miguel el arcángel guerrero que vence una y otra vez al demonio, es decir a las tentaciones. Existe un punto en lo alto del monte Thor donde confluyen las corrientes de energía de

Miguel y de María, las corrientes de lo masculino y lo femenino.

Solo pararte a meditar unos minutos en ese punto...

No soy capaz de describir esa experiencia, solo cabe vivirla. Es abrir un portal de conocimiento, de información, de sabiduría.

Probablemente cada persona vivirá lo que necesita vivir, sentirá lo que necesita sentir.

Y en mi corazón queda registrado ese viaje, almacenado en el lugar de los viajes muy felices, intensidad, agradecimiento, felicidad.

GARABANDAL MISTICO

Es un viaje hacia el interior? Hacía años que escuchaba hablar sobre Garabandal y los hechos sobrenaturales que allí ocurrieron.

Cuatro niñas del pueblo a lo largo de dos años decían recibir una llamada, acudían todas a la vez sin ponerse de acuerdo a un punto del pueblo, donde caían en éxtasis y afirmaban que la virgen se les aparecía y hablaba con ellas dándoles mensajes para el mundo. Hay documentación de la época, fotos y vídeos. Las niñas caminaban mirando al cielo, incluso hacia atrás sin dificultad, sin tropezar, caían de rodillas sobre las piedras sin sufrir ni rasguños, incluso les hicieron pruebas de pincharlas y quemarlas y comprobaron que no sentían dolor. Podían estar la noche entera en trance sin dormir y seguir su vida normal sin experimentar cansancio, todo esto rodeadas de una multitud de testigos asombrados.

Tuve la oportunidad de viajar al pueblo, pasear por las calles y los caminos donde ocurrió.

Muchos años han pasado, más de 50, pero allí la vida gira alrededor del milagro. Llegan muchos visitantes, buscadores, religiosos, curiosos, o la mezcla de todo un poco supongo. Es un pueblo bello y pequeño, mal comunicado, el colegio se cerró y apenas hay cobertura para el móvil. Un bar donde también venden el pan y un par de tiendas de objetos religiosos es todo lo que puedes encontrar. Existe alguna posada, es como si él tiempo se hubiera detenido allí. La gente es longeva y amable, les encanta hablar con los visitantes y se les nota el orgullo de pertenecer a Garabandal.

Hay una oficina municipal donde continuamente se emite el vídeo dónde se relatan los sucesos y seas creyente o no sobrecoge ver grabado en directo las escenas de los trances y vivencias. Me aloje en la casa natal de una de las niñas, conocí a la tía de otra, una hermosa y lúcida dama de 92 años, nos dio a besar un crucifijo de los que estás usaron dándolo a besar a la gente en aquella época. En ese entorno de belleza no te queda más opción que impregnarte del milagro.

Allí se abrió un portal de conexión con la divinidad que tiene el poder de atraer a personas de todas las partes del mundo, aunque ese portal ahora pertenece cerrado, ahí quedó la luz y la paz. Paz que el mundo necesita para crecer y evolucionar. Así que bendito sea Garabandal y su extraordinario milagro.

CABALLO SIN FRENO

A la heroína se le llama caballo y una vez que te montas en el es casi imposible de frenarlo.

Vamos viendo en estas historias que mi contrato de vida me ha traído buena parte del aprendizaje a través de mis historias amorosas en las cuales como buena escorpio me he sumergido intensamente, sin medida.

El acuerdo de vida pasa por vivir muchas experiencias, creo que así puedo ponerme en la piel de otras personas, sabiendo, no solo intuyendo. Cuando tenía unos catorce años había un chico del grupo de amigos de mi barrio que me gustaba, pero luego cada uno fuimos por nuestro lado y al cabo de muchísimos años nos reencontramos. Sabía de sus andanzas, fue policía, luego se convirtió en toxicómano y traficante, estuvo preso y justo cuando nos reencontramos estaba muy bien, limpio y en buen momento.

Nos encontrábamos continuamente y de ahí surgió tener una relación. Yo no estaba enamorada de él pero si me sentía bien a su lado, y estaba encantada con su devoción, con las cosas lindas que me decía, que seguramente alimentaban mi ego y subían mi autoestima. Por otro lado hacíamos viajes, paseábamos en moto, charlabamos mucho, era muy inteligente y nos divertíamos. Solíamos salir al bar de un amigo suyo, era un bar de noche y un poco oscuro, por el tipo de gente y la música, había una imagen de un diablo con un gran falo, yo estaba medio bebida y no recuerdo muy bien como pero le dije en mi mente algo como un desafío, algo como no puedes conmigo o algo así, con el tiempo y lo que pasó siempre he creído que abrí una puerta que nunca se debe abrir. Una noche soñé con él, con mi pareja, en el sueño había recaído y se estaba inyectando, creí que solo era un sueño, quizás un temor subconsciente. Pocos días después, recuerdo que estábamos en la piscina y me dijo que teníamos que hablar.

Había recaído, yo no tenía ni idea de lo que esto significaba, con mi eterno optimismo creí que podríamos solucionarlo, pero no fue así. Empezó el viaje al horror. Verlo drogado hasta el cuello, no parecía ni el, sin casi poder hablar, cada vez más sucio, más desastrado y deteriorado. Hundiéndose cada día más, sentir vergüenza porque era de los yonquis salvajes, que no respetan nada .capaces de pincharse en cualquier sitio, de aparecer en mi trabajo todo puesto de caballo.

Lo intente, intente ayudarle a salir, pero todo fue en vano. Estuvo ingresado en psiquiatría en el hospital y el doctor que lo atendía, un hombre extraordinario que dedicaba su vida a ayudar a toxicómanos me dijo que la heroína no debe probarse ni una vez, con eso basta para estar perdido, nunca olvidaré esa conversación mirándome a mis ojos aturdidos. Fueron unos meses de vaivenes, intentos y recaídas, de tanto pincharse se llenaba de abcesos e infecciones, en uno de sus ingresos cuando fui a visitarlo, me encontré que la habitación estaba helada y cuando me miró, no era el, esa mirada pertenecía a un ser maligno, todavía siento un escalofrío al recordarlo. La tremenda adicción a esas sustancias abre portales, esta claro. El me explico su recaída con una lógica difícil de entender, estaba tan bien que tenía miedo de perderlo todo, otra vez la misma historia, también decía que era por vicio, que le gustaba lo que le hacía sentir.

Al final lo deje, no lo acepto y acabamos mal, pero prefiero quedarme con sus mejores recuerdos, al tiempo me enteré de que había muerto, era joven aún. En su memoria puedo decir que cuando estaba bien era una buena persona. Lo triste es que en su camino como en el de tantos de su generación se cruzan un camino sin freno.

SI QUE SE PUEDE APRENDER A SER FELIZ

Y te das cuenta de que todo lo que has vivido, todas las experiencias y también sobre todo los errores cometidos, servirán para ponerte en la piel de los demás...

Y que no ha sido en vano el dolor, la incertidumbre, los vaivenes, si pueden servir de ayuda. Y entonces cada poro, cada arruga y cada cicatriz cobran sentido. Y lo que ocurre, cualquier cosa, la entendemos y pensamos que tiene sentido dentro de un ambicioso plan divino. Y todo suma para ser feliz. No te pierdas, quédate en el centro de tu felicidad.

ANCIANAS DIFÍCILES, SUTILES MAESTRAS

Suelo escribir en positivo, mi objetivo es mostrar la bondad y la cara bella de la vida, para recordar todo lo hermoso que existe en esta dimensión. Y también que la luz está muy por encima de la oscuridad. Pero cierto es que la vida nos pone constantemente a prueba, con situaciones que seguro somos capaces de trascender y que en ocasiones vemos como una cuesta empinada que nos hace sudar y jadear. Hoy hablo de ancianas.

De esas que llegan a sus últimos años sin alcanzar la sabiduría, ni la serenidad adquirida con los años y las vivencias, como si apenas hubieran evolucionado, como si sus deberes estuvieran sin hacer. No entro a juzgar, para nada, es lo que toca experimentar. Pero sí reconozco lo costoso de la prueba para las personas cercanas a quienes corresponde cuidarlas. Todo pasa, todo pasará. Es como un largo ejercicio de paciencia y de autocontrol. Un arduo aprendizaje que desemboca en el crecimiento.

Nunca debe generar auto culpa. Unas veces se hace mejor y otras peor. Se tropieza, se cae y se levanta. Pero siempre debería quedar una certeza, que fue hecho desde la compasión, nunca por obligación porque siempre hay otras opciones y la que se elige es la que sale del corazón.

EL GUARDIÁN DE ORANTE

Hacía tiempo que nos hablaban de este lugar, y nos despertó cierto interés, pero siempre que planeábamos ir surgía algo que nos hacía posponerlo. También ese día el pronóstico era de temporal, frío y nieve, pero decidimos lo, al menos hasta donde pudiéramos llegar. Y llegamos. Ya por el sendero que conduce a la ermita sentí como una fuerza invisible tiraba de mí. Lo vi desde lejos y ya sabía que era el, me dieron ganas de le, ya estoy aquí, como si él pudiera saber de mí llegada y me estuviera esperando, pero me dio vergüenza, no me atreví. De edad indescifrable, mayor se podía decir pero sin porte de anciano. Reconocí su mirada, es la mirada de los que están inmersos en su misión, lo saben sin ninguna duda y viven en plenitud. Hay que ser felices cada segundo nos ha repetido y estoy segura que él así lo hace. Con qué amor explica decenas de veces al día la historia de la ermita de San Benito de Orante, con qué amor atiende y con qué amor explica y vuelve a explicar.

Para algunas tiene un mensaje espiritual, para otros recién empezando su camino iniciático les habla en otro lenguaje. En un lateral de la ermita hay un punto energético, ideal para el silencio y la meditación. Y dentro de la propia ermita convergen unos puntos de energía que forman una cruz, allí es donde cada persona experimenta lo que le corresponda. Yo note una fuerte presión en la cabeza segura de un pequeño malestar y después algo se ha liberado en mí, un soltar indefinido. Desde allí envíe energía a varias personas que la necesitan. Reciben personas de todo el mundo y el Sr Antonio las recibe sin descanso y a veces sin comer durante todo el día. Paisaje bellísimo, nieve y recarga impresionante de energía vital nos regaló la ermita de Orante.

MUJERES, AMOR SIN FIN

Hoy no me felicites por ser mujer. Felicítame por ser la guerrera incansable de todas las batallas de supervivencia. Felicítame por ser la que cura, la que acoge, la que mima, la que sana, la que apoya, la que levanta. Por ser la cocinera que amamanta y aviva el fuego a la vez. La que camina en danza con todos los niños del mundo colgados de su falda. La cuidadora infatigable con una sonrisa cansada y un aliento de esperanza en los ojos. Hoy no me felicites, porque hoy no soy yo, hoy soy tu, soy todas las mujeres. Soy la africana que acarrea el agua de vida en su espalda, soy la mujer saharaui que con la arena del desierto construye una nación, soy la mujer indígena despojada de su tierra natal, soy la latina explotada en sus campos de miseria, soy la activista Europea en su lucha por la igualdad, soy la niña asiática cosiendo a cambio de sobrevivir si también soy la prostituta vendida y violada hasta la muerte.

Soy todas y cada una de vosotras mujeres que cambiamos el mundo cada día y cada día lo salvamos también. A golpe de amor. Por eso las mujeres tenemos el poder. Porque estamos hechas de amor sin fin.

SE LE LLAMA CAMINO
INICIATICO

Cuando empiezas tu camino iniciático, camino al Despertar, lo curioso es que ni siquiera sabes que lo estás iniciando voy cuando comienzas a ser algo consciente ya estás sumergida en la aventura. Es un camino largo y árido, a veces te pararas o te pararan y otras veces retroceder as. Está lleno de pruebas vade obstáculos, hay momentos en que te sientes perdida desorientada y otras veces ilusoriamente pensarás que has llegado a tu destino.

No te confundas quizás ese destino está al final de la vida. Al principio no entendemos por y para que suceden las cosas, pero con el tiempo retrospectivamente llega la comprensión.

Te encontrarás con personas que te pondrán a prueba, otras te ayudarán, pero de todas ellas deberás aprender.

A veces lloraras. Gritarás, **NO PUEDO MÁS,** y en otros momentos te sentirás inmensamente feliz. Experimentarás, ayudarás, enseñarás, te equivocarás, serás alumna y maestra y tú vida será rica y útil.

La verdadera esencia del camino no es llegar a la meta sino como transitarlo.

ÍTACA

No podía faltar mi poema favorito. Siempre que lo leo su belleza y su sentido resuenan en mí.

Ítaca

Cuando emprendas tu viaje a Ítaca
Pide que tú camino sea largo
Lleno de aventuras, lleno de experiencias

No temas a los lestrigones, ni a los
cíclopes, ni a la furia del malvado
Poseidón.
Jamás esos monstruos hallarás en tu
ruta
Si tú pensar es elevado, si selecta es la
emoción, que toca tu espíritu y tu
cuerpo.
Ni a los lestrigones ni a los cíclopes, ni al
salvaje Poseidón encontrarás, sino los
llevas en tu alma, si no los yergue tú
alma ante ti.
Pide que el camino sea largo
Qué muchas sean las mañanas de
verano
En que llegues con placer y alegría
A puertos nunca visitados
Detente en los emporios defenecía, y
hazte con hermosas mercancías
Nácar y coral, ámbar y ébano
Y toda suerte de perfumes sensuales
puedas
Ve a muchas ciudades egipcias
A aprender, a aprender de sus sabios
Ten siempre a Ítaca en tu mente
Llegar allí es tu destino
Más no apresures nunca el viaje
Mejor que dure muchos años

Y atracar, viejo ya en la isla
Enriquecido de cuánto ganaste en el camino
Sin esperar a que Ítaca te enriquezca
Ítaca te brindó tan hermoso viaje
Sin ella no habrías emprendido el camino
Pero no tiene ya nada que darte
Aunque la halles pobre Ítaca no te ha engañado
Así sabio como te has vuelto, con tanta experiencia
Entenderás ya que significan las ítacas.

SI QUIERES CONTRIBUIR A LA PAZ Y LA FELICIDAD DEL MUNDO

Encontré estos consejos del lama Kalu Rimpoche en un albergue budista hace muchos años. Releerlos de vez en cuando siempre me han servido. Busca en ti mismo la fuerza del propósito, la fe en la propia regeneración. Tu divinidad te espera, esfuerzas en hallarla y actualizarla. Práctica en todo momento la religión universal del bien sin distinción de creencias, de clases, de partidos, de intereses, de nacionalidades de razas, de reinos de la naturaleza. Relega al olvido tus faltas y limitaciones pasadas, para renacer con renovados estímulos a una vida mejor, entonces tácitamente serás merecedor de la invisible ayuda. Práctica la simpatía y adquiere el hábito del contento a través de todas las circunstancias. Decídete a realizar el leve esfuerzo de prescindir de los pequeños defectos. Lucha con todas tus fuerzas contra la depresión, contra la tristeza, contra el tedio, contra el mal humor .Combate los métodos dominantes de actitud e imponte la condición de ser siempre y con todo el mundo amable. Procura dar todas las facilidades posibles a los demás. Ayúdalos a descubrir su camino más noble y a seguirlo .Haz de la generosidad de pensamiento y acción su ley silenciosa. Proponte firmemente no censurar a nadie, ni aun de pensamiento, que sabemos de las verdaderas causas de los s actos ajenos ?Esfuerzas por el contrario en comprender.

Adopta una divisa solar de alegría a todas horas. Entonces la luz oculta que guía al mundo te la incrementará y te sorprenderán a ti misma los resultados. Procura no auto _exaltarte ni auto compadecerte, ósea no pensar demasiado en ti misma, sino es con el fin de perfeccionarte. Invoca la armonía como fórmula de salud integral, de equilibrio del cuerpo y del espíritu. Porque la armonía es la ley suprema del Universo. Irradia con humildad tu mensaje viviente de belleza, de espiritualidad y de paz, en un mundo, atormentado, materializado, desorientado. El necesita de tu eficaz contribución, la, Ofrécele tu mente positiva, tu cuerpo puro tu aura armoniosa, tu contentamiento irradiante, tu fe sin límites en la bondad de la vida y

en las leyes que conducen a un alto fin,
la evolución humana.

EDIMBURGO

Qué se puede decir de Edimburgo que no se haya dicho ya? Pero sí que puedo hablar de mis sensaciones. Un viaje corto pero intenso que son los que más me gustan. Entre brumas, paisajes increíbles, leyendas, masones, griales, cuentos, fantasía, espíritus burlones y mucha ironía, Edimburgo la capital de Escocia te hace transportar a otras épocas, allí se sucedieron etapas de increíble crueldad con otras de prosperidad, donde floreció otra Ilustración tan importante como pudo ser la francesa. Así de pronto me encontré enamorada de la ciudad nada más llegar y ya pensando en regresar, hechizada como no podía ser menos, quizás envuelta en la energía de tantas hermanas brujas que vivieron y murieron trágicamente como la historia nos ha contado. Castillos, cementerios torres, capillas, islas, puentes malditos, Escenarios de película. Iglesias católicas convertidas en locales disparatados, desde pub hasta agencias de viajes.

En cada historia que escuche flota la ironía y el humor negro y macabro que comparten los escoceses. Y si esperas compararlos con el resto de habitantes del Reino Unido, no lo hagas. Te sorprenderás. Para las personas que van buscando, que van o vamos en el camino de la iniciación, ir a Egipto es como ir a una de las fuentes de la espiritualidad.

Así que cuando partir hacia allí sentía tal emoción, tal ilusión, que resulta incomparable en relación a otros viajes anteriores. Y bueno fue un bello viaje, un bellísimo país, una bonita experiencia.

Pero no volví cambiada ni iluminada como ilusa de mí en aquel momento igual creía que podría pasar, por el contrario volví maravillada pero en un plano más terrenal.

A veces ocurre eso con las expectativas, que es lo que realmente son, expectativas, hacia lo que puede suceder. Personalmente me impresionaron mucho más las pirámides que los templos. Construidos para el culto a los dioses, son construcciones imponentes, ya que eran su morada pues eran tenidos como inmortales.

Realmente la casa de un Dios debía ser magnífica y así lo demostraron con las dimensiones gigantescas que caracterizan a estas edificaciones. Tuvimos la suerte de encontramos con un guía con quién tenía muchas cosas en común, y si tampoco faltó un poco de romance. El guía conocía profundamente la historia de su país y sabía cómo lo, de forma amena. Nos llevó a lugares fuera de las rutas turísticas habituales.

Un mercado típico de un pequeño pueblo donde parecíamos haber retrocedido 50 años en el tiempo. Me llamo ver las mujeres tan tapadas y totalmente vestidas de negro como en la España postguerra. En algún momento nosotras nos escapamos un poco del viaje tan programado, dejamos el lujoso hotel y caminando sin rumbo vimos la otra cara del Cairo, una de las ciudades más contaminadas del mundo, con una circulación caótica, conduciendo aplicando la ley del más fuerte o del más loco vete tú a saber. Muchísima miseria contrastando con el lujo de los hoteles para turistas.

Y desde que llegas estás rodeada de niños que intentan venderte lo que sea, mendigar te cualquier cosa, todo es bueno, todo vale.

Fumar en cachimba en un barrio típico fue de lo más divertido. Y dónde más disfrute fue en el poblado nubio a donde llegamos en un pequeño barquito llamado faluca, allí nos dieron a probar algunos platos típicos y un exquisito café que nos ofreció un anciano en solemne ceremonia. Nubia es una región situada al Sur de Egipto y al Norte de Sudán.

Su población se asienta a lo largo del valle del Nilo. En la antigüedad fue un pueblo independiente actualmente se consideran unos marginados en tierras egipcias. El casi obligado crucero por el Nilo fue curioso pero demasiado orientado al turismo, aun así lo pasamos muy bien y el grupo de españoles con quiénes trabamos amistad eran encantadores. Los contrastes, la magnificencia, el misterio. Quizás mi mente no estaba tan abierta como lo está ahora. Quizás ni siquiera soy la misma. Ahora en mis viajes me impregnó de los lugares, y en todos ellos siento como se desvelan misterios, los misterios de la vida, como cajas superpuestas, unas sobre otras.

RAZA SIN RAZA

Una nueva raza ha nacido es la raza de las almas. La raza de las almas solo ve lo que hay por dentro. Y no valora el exterior.

Es la que acepta a todos los Seres, todos los colores, todas las culturas. Esta nueva raza se rige por el Amor y su mayor deseo es el bien de la humanidad. No es una raza de seres perfectos claro que no, pero su imperfección también forma parte de su encanto.

EL TIEMPO NO ES SOLO ORO.

El tiempo no es sólo oro del tiempo también es vida. Lo que hacemos con él puede ser más valioso que él o por el contrario puede ser tan triste como perderlo o restarle valor. Me refiero al tiempo físico, al que tenemos en esta dimensión. Todo lo que hagamos en positivo, sea para nuestro bien o para el bien común lo hará valioso sin duda. Igualmente que todo lo negativo, lo que nos duela, lo que nos cause sufrimiento, sea físico o mental, o cause sufrimiento a otros seres conscientemente, le hará perder valor. Lo bueno es que podemos decidir qué hacer con él, como si de nuestro tesoro se tratara.

NO DIRE SU NOMBRE

Solo que fue alguien que dejó su impronta en mí , configurando la que soy y también la que seré algún día ,modelada por tantas experiencias, agradezco sin duda a la vida ,a mi contrato con ella esa diversidad de vivencias, sin ellas mi mente no estaría abierta a aprender, a conocer. Cuando la conocí ella tenía 5 años y ya se sentía responsable de su hermano de 3. Tan inteligente y despierta ya se le notaban las bofetadas que la vida le daba. Entonces era huérfana de madre, después lo fue de padre también. Después de morir su padre y ser acogidos en una casa estuve años sin saber de ellos. Los encontraba y desaparecían como olas caprichosas o desorientadas. Con 17 años alguien quizá la divinidad me la trajo de vuelta para quedarse un poco más. Entonces vivían en un centro de menores. Circunstancias, casualidades, alineamiento divino, yo que sé, hizo que compartiéramos juntas unos años preciosos. Como buena piscis cuidaba de todas las personas de su vida, hasta donde la dejaba su escasa salud, pero de la única persona que no cuidaba era de ella misma. Cuando miro atrás en el tiempo, creo que fueron de los mejores años de mi vida y ciento que también de la suya

Creo que ella me veía como a la madre que apenas conoció, aunque nunca ejercí de ello ni pretendí hacerlo, y también me veía como una especie de heroína, una mujer independiente dedicando casi todo su tiempo a hermosas causas perdidas o no tan perdidas, ella me seguía en todas mis andanzas, me ayudaba con las niñas saharauis los veranos, rescatábamos gatos, me acompañaba a los eventos solidarios.

Pero en mi absurdo empeño en tener una pareja si o si, lo estropee todo. Creo que ya me he perdonado por el error más grave de mi vida y también he aceptado que fui autodestructiva. Me perdí en el absurdo y la quimera, y la perdí a ella, nos perdimos las dos, nos alejamos. Y murió, al tiempo su salud y su sensibilidad no aguantaron más este mundo de locos. Y por raro que parezca cada vez la extraño más.

No nos despedimos, cuando supe de su gravedad d more un día más el ir a la, aún no sé porque, y no llegue. Su muerte fue un dolor de esos que te muerden y mastican el plexo solar, ahí me di cuenta cuánto llegue a quererla. Soñé que estábamos juntas, llevaba el pelo igual que yo, mismo corte, mismo color, nos abrazamos y nos perdonamos. Yo no lo sabía pero así es como llevaba el cabello en el momento de su muerte, como yo, mismo corte, mismo color.

No hace muchos meses una mañana al despertarme pensaba en ella y le pedí que me enviara una señal, que me dijera algo, en ese momento desaparecieron todos los contactos de mi móvil y lo más curioso es que días después su contacto estaba en mi tfno. sin que yo lo pusiera. Sé que está en un lugar rodeada de animales y me espera, aún recuerdo una foto en mi casa, en la cocina y todos los gatos a su alrededor, es una foto llama de amor y de esencia, la esencia de todo lo que compartimos.

UNA CASA CON ALMA

Que hace que una casa tenga alma? La casa en sí tendría un alma que te impregna o serían quienes viven en ella los que harían esto posible? Sea como sea, mi casa la tenía, un alma propia, con latido y corazón. Era un piso que nosotros estrenamos un año antes de mi divorcio, un piso que me enamoro solo verlo dibujado en un plano, me costó mucho lo, pero no me costó nada hacerlo mi casa.

Allí viví más de 20 años, y es el lugar donde más feliz he sido. Cuando llegabas a esa casa después de un día duro, los problemas se diluían. No sabría decir cuánta gente paso por allí, cuántas personas se refugiaron en aquel lugar

tocado por una mano divina, con un poder especial para sanar las penas.
Cuántas veces escuché, que bien me siento aquí....Y algo había puesto que ejercía una magnética atracción. Cuando alguien se marchaba, yo me preguntaba, y ahora quién vendrá? De muchas nacionalidades, de razas variadas, un guiño a la diversidad que tanto me gusta. Y cuántos animales se acogió, se cuidó y se sano. La llamábamos La Almorzará, porque en ese barrio estaba. Hasta los espíritus tenían el placer de visitarnos y darse una vuelta en forma de humo blanco? Una vez que se nos enfermaron unos gatitos bebes quise dar energía a la casa y rebotó, no cabía más, tenía toda la necesaria. Quizás era donde se situaba, tan cerquita del castillo, quizás la gente, los animales o yo misma, no lo sé, pero no he conocido un lugar igual.
Pero tuve que la, me esperaba mi noche más oscura y para afrontarla debía estar indefensa bien el refugio que prestaba la casa que me amo
Procuro no pensar en el pasado si no es para lo, sino sería imposible seguir adelante. Pero hoy me he permitido

recordar. Cómo olvidar el sofá que abrazaba ,la terraza de los desayunos ,los estantes por dónde los gatos se paseaban felices ,el horno de quemar pizzas ,el enorme salón con la ventana de mirar árboles delante del ordenador ,el dormitorio de los amores y amantes ,los cuartos de ocupados siempre ocupados.

Cuanta vida y cuánto amor. Cuánta felicidad. Cuántas experiencias, cuanto aprendizaje.

LA NOCHE MÁS OSCURA

Suele ocurrir en la búsqueda espiritual que te alejes del Camino, que diversas circunstancias terrenales te lleven lejos de tu contrato de vida, la divinidad se encarga entonces de traerte de vuelta y a veces la forma es traumática. Todo depende de cuánto te desviaste. Yo me desvíe, no supe ver qué tenía buena intención pero no era lo que debía hacer ni por dónde debía transitar.

En mi caso mi vida se desmoronó por muchos frentes y pase por una época de tal incongruencia que parecía el guion de una mala película. Hasta tal punto que yo que soy incapaz de acabar con la vida de ningún ser vivo me vi acusada de maltrato animal.

La que realmente sufrió mal trato fui yo, a manos de mi pareja, tanto físicas como psicológicas, infidelidades, engaño, todo el paquete completo para que la vivencia fuera auténtica. Como consecuencia de una avalancha de sucesos destructivos me encontré una casa, sin trabajo, sin dinero y sin pareja. Fue mi noche más oscura.

Se dice la noche oscura del alma a esos momentos de la vida en que tocas fondo. Tener que volver a la casa de mi madre no era la opción más apetecible, pero en ese momento era la más práctica. Vivir con tu madre con la que no puedes tener una buena relación porque es tu antítesis como ser humano forma parte de la prueba karmica.

Pero entre todos estos dolorosos vaivenes había luz, y esa luz eran las amigas, los amigos, los que creen en ti y te apoyan en cualquier circunstancia. También aparecieron muchas personas increíbles que siguen aquí. Otras no entendían como conseguía ser positiva a pesar de que me despertaba muerta de angustia en medio de la noche y no podía dormir. En ese momento fue cuando aprendí el significado de la palabra resiliencia, esa capacidad que tenemos los humanos de resistir y sobreponernos a pesar de las circunstancias adversas. Y como había que sobrevivir, pensé, a ver qué se hacer bien, leer el Tarot, a partir de ahí empezó otro hermoso camino en el que he podido ayudar a mucha gente a través de esa herramienta de sabiduría divina. He enseñado a muchas personas y he descubierto lo que me gusta enseñar. Y he aprendido tanto que creo ser una persona diferente a la que fui, un aprendizaje me ha llevado a otro y a otro. He salido reforzada y agradecida a esa noche oscura que me cambio y que me llevará a ser la que deseo ser más que nada. Fue un camino muy duro e intenso, que me hizo avanzar rápido. Por eso os digo que no temáis a las noches oscuras, a veces ok necesarias.

4 PRINCESAS Y UN PRINCIPE

Realmente no tienen sangre real, forman parte de una república, la RASD, pero para mí tienen más linaje que todas las realezas del mundo. A todas estas personitas las quiero con una fuerza invencible, sin lazos de sangre pero con lazos de amor y también de arena, que son unos lazos atípicos pero indisolubles. La primera de ellas ya es una mujer, con esa fuerza y ese ardor de las mujeres saharauis, siempre digo que fue por ella que se abrió mi mente y mi vida cambió.

Vino dos veranos de vacaciones y yo fui tres veces a su casa, al desierto, ahora va y viene de su mundo al mío sin perder nunca el vínculo y el contacto. La segunda llegó tan pequeñita, tan frágil y llorona, pero con esa risa de bruja loca y esos abrazos con sus bracitos escuálidos tan difícil de olvidar. Al principio no comía y lloraba tanto que yo me preguntaba si sería suficiente con la, aquellos ojazos enormes en un cuerpecito increíblemente delgado parecían más grandes aún. Y el segundo verano en nuestra casa, de rebote ,nos trajo a la tercera princesa, se hicieron tan amigas que si se separaban no dejaban de llorar ,y decidimos compartirlas, ellas siempre estaban juntas, en una de las dos casas ,no importaba en cual, hasta el punto que irremediablemente las dos familias entablamos amistad ,compartiendo días y noches ,vacaciones y preciosos veranos. Recuerdo la emoción con que contaba los días que faltaban para que llegarán. Los veranos eran energéticos y trepidantes, hasta que llegaron a la edad límite en el programa y no vinieron más.

El siguiente año la vida y el desierto me trajo un principito, el niño más guapo y más movido que nunca había visto.

Después de pasar por dos familias distintas en años anteriores me dijeron que yo que tenía buena mano a ver si me hacía con él.

No necesite hacer nada especial, lo pasamos genial y fue el que más lo valoro todo, continuamente me decía "**yo con tú**"

Y eso era muy reconfortante. No lo haces para conseguir algo, pero esas palabras significan que lo estás haciendo algo bien.

Llegó en el momento más oportuno, trajo un viento fresco y cálido a la vez, nos despedimos hasta el año siguiente pero no volvió. Estaba en las listas pero no se presentó en el aeropuerto, hacía meses que no sabía de él, después de las graves inundaciones que sufrieron los campamentos saharauis. Me llamaron de la asociación para decirme que no estaba pero que había una niña de la

reserva que no tenía familia asignada
Dije sí, no podía hacer otra cosa.
Me enviaron una foto y fue amor a
primera vista, una niña preciosa de
sonrisa dulce.
Y un regalo divino porque se porta tan
bien que todo resultó muy fácil. Y hasta
aquí la historia por el momento porque
falta mucho para conocer el final Los
vínculos están intactos, al que perdí la
pista, estoy seguro lo encontraré. Y las
demás siguen y seguirán espero en mi
vida. Y continuará….

LUNAS MUY NUEVAS

En el trance de Ayahuasca no solo recibí
la instrucción de escribir, fueron dos
más. Una de ellas se refería a... Círculos
de mujeres.

Repetido varias veces y ahí lo dejaron. Y búscate la vida. Así a veces actúan los guías instructores, aunque hay que tener paciencia porque llegarán otras señales. Me preguntaba qué y cómo hacer, cuando un amigo, me propuso hacer en su local de terapias unos encuentros de mujeres, durante varias lunas nuevas. El prepararía unas dinámicas y yo una meditación. Yo tenía escasa experiencia en dirigir una meditación, pero dije, adelante, algo saldrá

Fue una experiencia muy hermosa, no solo mujeres, se agregó un amigo también, le interesaba y ensanchamiento el círculo para él, quizás necesitaba explorar su parte femenina. Una de las primeras coincidió con la noche de San Juan y la celebramos en un parque al aire libre. Cuando llegó mi parte me sentía guiada en todo momento durante la meditación, las palabras venían solas, como me sucede a menudo al hacer lecturas de Tarot o al escribir. Es una sensación de desdoblamiento, eres tú, pero no eres solamente tú. Así que nos sumergíamos durante unos minutos en otra dimensión, era muy emocionante, se lloraba y se sanaba.

Trabajamos además otros aspectos, vinieron personas a darnos testimonio de su andadura espiritual, en otra ocasión vino de lejos una maestra a darnos formación sobre otros modos muy potentes de transmitir y aplicar la energía del Universo. También de esto surgió que me invitaron a otros círculos de mujeres que se reúnen para celebrar la Luna llena. De las lunas nuevas me queda un hermoso recuerdo y quizás las retomemos.

Personas con las que compartimos momentos muy intensos y otras nuevas que se incorporaron a mi vida.

STAR 13 ALMA ORIENTAL

Siempre digo que de las variadas experiencias de mi vida, ser abuela es de las más hermosas y también ha contribuido y mucho a modelarme. Hace unos meses mi nieta Andrea (13) me dijo:

-Oye no has escrito sobre mí en tu blog.

Y esto es lo que escribí:

Ayer fui a comer con mi nieta 13 y dos de sus amigas, ventaja de ser abuela joven es que a veces te incluyan en sus planes. Como es bastante habitual comimos en un japonés, y es que es imposible obviar que a Andrea le apasiona todo lo japonés. Todo empezó con los videojuegos y a partir de ahí ha ido descubriendo otros aspectos de una cultura rica y milenaria. Me lo pasé de maravilla, tres chicas de diferentes edades y personalidades, encantadoras y que devuelven la fe en un futuro que va a estar en buenas manos femeninas. Las próximas generaciones van a tener un buen nivel cultural, aman viajar que significa mentes abiertas y libres y saben lo que es la solidaridad. Hablábamos de grafología y como estudia la personalidad a través de la escritura y 13 grito espontánea. Yo quiero que me lo hagan, yo quiero saber cuál es mi personalidad. Bueno aparte de que con 14 años la personalidad se está formando, te diré algunas cosillas de ti. Siempre has sido una niña con gran personalidad, con carácter desde muy pequeña, como buena tauro arrasando con tu potente energía. Pero lo que me encanta de ti es tu creatividad. Recuerdo cuando tenías 3 o 4 años ya montábamos obras de teatro, cambiando el argumento de los cuentos infantiles tu cama hacia funciones de barco o castillo. Creciste y pasamos a grabar vídeos con historias disparatadas y nos moríamos de risa y teníamos que parar. Tú siempre inventabas bailes y coreografías. Has crecido y sigues creando, estamos en tiempo de participar en concursos de Cosplay, donde tú armada con una peluca y tú ingenio le pegas tremenda patada a tu timidez para bailar sobre un escenario el baile que tú sola has diseñado, subiendo considerablemente la energía del local con tu actuación.

Siempre autodidacta has aprendido a hacer ediciones, invirtiendo mucho tiempo en ellas para mejorarlas. Vas a clase de teatro y es genial, para aprender a te, para abrir más tu espacio vital. Y últimamente has creado tu propio canal de YouTube hablando de tus juegos favoritos. Y sabes qué? Te admiro.

Pasaste por situaciones muy duras para una niña y has sabido las, saliendo airosa y con apenas rasguños en el alma. Y me divierto mucho ti, me encanta tu risa loca, tus caras de asombro, tus gritos gatunos, tus preguntas y tú curiosidad. Quieres saber cómo es tu personalidad? Yo te lo digo:

Muy, muy fuerte.

Creativa.
Buena persona.
Humana.
Brujita
Una líder potente.
Vital.
Alegre.
Desordenada.
Curiosa.
Divertida.

Tímida.
Audaz.
Original.
Y absolutamente especial.
Así es 13
Alma Oriental.

ACOSO CRUDO Y DURO

Otra experiencia vivida y de muy cerca, de donde más duele, porque ves sufrir a alguien a quien amas y te sientes impotente. Verdad es que dentro del contrato de vida de otras personas hay una línea que no puedes cruzar porque es la vivencia que corresponde a su aprendizaje personal. El acoso escolar es demoledor, porque rompe los puntales de apoyo de la autoestima, dejando sin agarraderos para sostener la propia vida.

He visto como barre escolares infantiles de años y años. Es tan dañino que todos huyen, sálvese el que pueda, no vaya a tocarme a mí. El acosado tiene la sensación de ser un apestado y por supuesto se culpa, debo de ser yo. Pues no, no eres tú, simplemente te cruzaste con una personalidad enferma de ego, con la suficiente habilidad para manipular a su antojo. Siempre hay dos cabezas sobresalientes, la del que acosa que tiene un grupete que le sigue el juego, y la del acosado que es quien sufre y se sumerge en la soledad.

Me resulta curioso comprobar que muchas personas que han triunfado profesional y personalmente han sufrido acoso en algún momento. Mientras que los acosadores se convierten en personas mediocres. Algo deben intuir ya de niños, hay que envidiar, porque nunca lo tendrán. Yo siempre digo que los casos de acoso hay que sacarlos a la luz, es la más potente forma de acabar con él.

Su poder está en el silencio y en la oscuridad.

Ante el acoso. Grita NO!!!

QUEREMOS PAZ Y QUEREMOS QUE SEA VERDE

Una época preciosa llena de experiencias y conocimientos, como dice mi poema preferido. Hacía mucho que los admiraba, desde la primera vez que los vi en las noticias, era una acción defendiendo las ballenas. Quién me diría que acabe siendo parte de ellos, que me vería encadenada en la Puerta del Sol de Madrid, defendiendo a compañeros activistas. O en París configurando un símbolo de la Paz humano con todos los colores del arco iris, junto a compañeros activistas llegados de todo el mundo. Hablo de Greenpeace la legendaria organización que nació en 1971 cuando unos pocos activistas antinucleares canadienses a bordo de un viejo pesquero llamado Phyllis Cormarck iniciaron una protesta contra pruebas nucleares realizadas por Estados Unidos en el archipiélago de Amchitka en Alaska colocándose en el centro de pruebas, esta acción directa ha sido la forma más usada por la organización en sus campañas.

Desde entonces las victorias que se han conseguido a nivel mundial defendiendo la Paz y el medioambiente son incontables. Yo estuve casi tres años trabajando como voluntaria y sintiendo que lo que hacía era útil, muy útil. Hasta que me fui llevada a otros frentes, creando con un puñado de gente la primera asociación protectora de gatos que hubo en mi ciudad y dejé Greenpeace, pero eso es otra parte de la historia. Participe en numerosas campañas antes de irme. Jóvenes amigos de los bosques, orientada a los niños, hablando sobre los bosques primarios y porque es tan importante para el planeta su conservación.

La campaña de consumo responsable en plenas Navidades no nos hacía muy populares, ahí informábamos sobre los manglares y que es vital parar su devastación. No a la Guerra, fue de las que más me tocaron la fibra, cuando los dirigentes de nuestro país estaban a punto de participar en la guerra de Irak, en contra de la mayoría de la población. El túnel del tiempo, es una actividad de sensibilización, se participa entrando en un túnel y dependiendo del camino que se elija se acaba en un mundo de energías renovables o en otro asolado por el cambio climático. Representábamos diferentes personajes y yo hacia el papel de energía eólica vestida con una túnica blanca, lo cual me encantaba.

El Túnel viajo por muchas ciudades españolas. Otra campaña muy trabajada era la de transgénicos, dada su importancia, en esta ocasión me tocó investigar etiquetas de productos en los supermercados, averiguando qué marcas tenían entre su composición OMG organismos modificados genéticamente. Era un voluntariado en el que era necesario viajar bastante para sumarte a las campañas o para asistir a reuniones o encuentros entre activistas ,lo cual me encantaba, conocí gente muy diversa ,dispar y con ideas afines ,y fue la primera vez que supe lo que era veganismo, yo entonces era vegetariana pero no vegana.

Fue como entrar en otro mundo y el recuerdo es muy dulce. Cuenta una antigua leyenda que voy a resumir:

Existía una indígena llamada Ojos de Fuego que un día reunió a su tribu para transmitirles una profecía. Cuando la tierra está enferma y los animales están muriendo, se formará una tribu con hombres y mujeres de todo el mundo unidos para salvarla se les conocerá como… Guerreros del Arco Iris.

De ahí el nombre del barco puntero de Greenpeace. Rainbow Warriors. Criticados por algunos y amados por muchos más, ahí siguen y seguirán, espero que mientras nuestro planeta los necesite.

EL PRIMERO AMARGO COMO LA VIDA

El segundo dulce como el amor y el tercero suave como la muerte. Son los tres tés saharauis, preparados con un ritual que resulta hipnotizante. Si vas a los campamentos de refugiados saharauis no tomarás tres tés, tomarás muchos más.

Mucho he escrito de mi amor por los saharauis y su causa, de los veranos de infarto y tantas anécdotas y vivencias que pueden tenerme horas hablando. Pero en cambio he hablado poco de mis viajes al Sáhara, también el número es tres. El primero lo hice después de tener dos veranos conmigo a mi primera hija de arena ,cuando por la edad ya no entraba en el programa de vacaciones ,quise ir a verla ,conocer a su familia y cómo vivían allí. Más que vivir sobrevivir, a base de ayuda humanitaria e imaginación. Esta primera vez fue muy bonita, a pesar del calor, de la falta de luz y agua corriente y de las mínimas condiciones higiénicas, era todo tan nuevo, tan diferente.

Y me topé con una hospitalidad que nunca había conocido, te hacían sentir no como en tu casa, sino como una reina en un palacio de arena, porque se preocupan tanto de que estés bien, te miman tanto, que te sientes querida y cercana aunque acaben de conocerte. En la casa de mi familia aprendí lo que es realmente compartir, allí es un continuo entrar y salir gente y raro es quien no se va con algo, un caramelo, un trozo de pan con nocilla, o ser rociado con colonia, sea lo que sea que haya, todo se comparte.

Ver amanecer en el desierto o ver el cielo explotando de estrellas se convierte en momentos únicos. El tiempo transcurre muy lento, después de la hora de comer no se puede salir por el calor aplastante, así que se dormita o se juega, el domino y el parchís son muy populares. Difícil apartarse un poco a leer un libro porque entonces piensan que te aburres y te asaltan para hacerte compañía.

A las chicas jóvenes les encanta te, te, adornarte con henna, sin maneras de pasar un tiempo interminable de destierro. Les encanta nuestra piel tan blanca, de hecho las mujeres protegen del sol cada centímetro para no tomar más color del que ya tienen.

Los niños te toman de la mano y te llevan a jugar a las dunas, son muy alegres, parece que no necesitan más para ser felices y probablemente sea cierto. Te pasean en unos coches que hace décadas deberían estar en un desguace, pero es lo que hay y se aprovecha.

Si llevas dinero para les, ya puedes guardarlo para el final porque si no van a gastarlo en comprar regalos para ti. Y no pretendas volver con la maleta vacía porque no lo vas a conseguir, la traerás llena de regalos que te han comprado con tanto cariño como escasos recursos, por lo que es imposible negarse.

Ese primer viaje fue el más feliz por diversas circunstancias y me fui añorando volver……

EL SEGUNDO DULCE COMO EL AMOR

En este caso el segundo viaje no fue tan dulce. Alegría grande de volver a estar allí con mi segunda familia, eso sí. Me encanta recordar las conversaciones con el padre que por fortuna habla español, yo siempre le decía que tenía que venir a España a nos, de hecho no sería tan difícil puesto que como muchos saharauis conserva DNI español.

No olvidemos que el Sáhara Occidental fue colonia española y a efectos legales debería serlo todavía, ya que nunca se descolonización. Simplemente España se fue ,dejando que Marruecos invadiera el país ,desde entonces la población saharaui se encuentra dividida entre los que se quedaron soportando la ocupación y los que huyeron a los campamentos argelinos ,sin olvidar la diáspora saharaui que se propició por la búsqueda de una vida mejor ,estuvieron o trabajando por diversos lugares del mundo.

Pero volviendo a los campamentos las mujeres allí tienen un gran peso, son las que dirigen la vida cotidiana, han tenido que asumir una gran responsabilidad a través del éxodo, la guerra y la dureza de la vida en el desierto. La madre de mi familia no habla español pero es una mujer tan entrañable y cariñosa que la barrera del idioma apenas se nota. El recuerdo cálido y acogedora con una preciosa sonrisa que te hace olvidar lo dura que es la vida que le ha tocado vivir.

Las que siempre siento que padecen además de aburrimiento son las jóvenes que aún no han formado su propia familia, ya dije que las horas pasan allí muy lentas, es otra medida de tiempo que no tiene nada que ver con nuestro mundo occidental. Por desgracia el recuerdo más fuerte de mi segundo viaje es que enferme. Era Abril pero los días ya eran muy calurosos, empecé a encontrarme mal, estaba mareada y febril, adormilada todo el tiempo. Mi familia se desvivía por me, veía sus rostros preocupados, me remojaban la cara, me preparaban tisanas con hierbas.

Poco podían hacer allí, los medios son muy escasos. Yo me sentía morir todo el tiempo, no suelo tener fiebre y junto con el fuerte calor, sudaba y desfallecía sin poder ni siquiera ducharme.

Soñaba con volver a casa, me recuerdo tumbada en el suelo en el aeropuerto de Argelia porque no tenía fuerzas para mantenerme en pie. Venían más personas en mi misma situación en el vuelo de vuelta.

Por más analíticas que me hicieron no se averiguo la causa de tanto malestar, pero tarde un tiempo en estar totalmente recuperada. Aun así, como en el primer viaje, volví con el olor del Sáhara en el corazón.

Cuando tenía un mal día pensaba, yo quiero irme al Sáhara. Y de hecho volví en circunstancias que nunca habría imaginado.

Y EL TERCERO SUAVE COMO LA MUERTE

Y de vida o muerte fue este tercer viaje. Mi hija de arena, la primera y más mayor de todas me llamaba cuando podía y eso suponía una gran alegría, digamos un subidón, la última vez que me llamó me había dicho que me dolía la rodilla y yo no le di demasiada importancia, pensé en algún dolor asociado al crecimiento. Pero la siguiente llamada fue para decirme que estaba muy enferma y había estado a punto de morir ,la preocupación se quedó sumada a la impotencia de la distancia ,no sabía qué hacer pues estamos tan lejos era difícil ayudar de alguna manera. Así que decidí viajar de nuevo a los campamentos, todo el mundo se volcó para preparar el viaje en todos los aspectos, incluso el económico, y salí en el siguiente vuelo que coincidió desde mi ciudad organizado por la asociación de ayuda al pueblo saharaui, Undraiga. Llegue a la jaima de noche cerrada y todavía me impacta a través de los años recordar como la encontré.

Era un esqueleto recubierto de piel, y lo que más me impresionó fue ver qué había perdido casi toda su hermosa melena, la abracé con cuidado pues parecía que iba a romperse en mis brazos. De primeras solo me salió decirle y tu pelo? Apenas podía caminar, ni sostenerse en pie, ni siquiera darse la vuelta cuando estaba acostada.

Fueron días de odisea, según un informe del hospital de Tinduf ,el diagnóstico era lupus ,nunca había escuchado esa palabra y no podía sospechar la de veces que habría de pronunciarla y escribirla por activa y por pasiva desde entonces. Me habían hablado de un programa de médicos de Alicante que estaban en los campamentos y a punto de irse, así que al día siguiente la llevamos para que la visitaran. La trasladamos como pudimos y después de examinarla se me quedaron grabadas dos palabras. Evacuación inmediata. Lo que no sabíamos era que la inmediatez iba a ser larga y muy laboriosa. En la semana que estuve allí deambulamos su madre y yo sin parar intentando agilizar los papeles que necesitaba para poder viajar a España.

La idea era trasladarla a Alicante a una casa para niños saharauis enfermos. Cuando volví, continuo la larga tarea desde España, parecía que topábamos contra un muro, pasaron tres años en los que moví y removí todo lo que mis recursos y los de mi gente nos permitieron, también su hermana que vivía en Valencia hacia lo imposible, hasta que un día me dije, tengo que soltarlo a la divinidad, ya he hecho todo y más, quizás no estaba en su contrato de vida salir de aquel lugar.

Poco después recibí una llamada de un número desconocido, cuando ya no esperaba nada, nunca olvidaré el momento, ni las emociones solapadas que se produjeron.

Por fin estaba el pasaporte, está era la buena, más bien extraordinaria noticia, la mala que como ya no era una niña no entraba en el programa en el cual inicialmente iba a venir, así que tendría que quedarse en mi casa. Esto me asustó mucho porque yo debido a mi trabajo no sabía si podría proporcionarle todos los cuidados que necesitaba, pero como no podía ser de otra manera dije adelante.

Entonces sí que el tiempo se disparó ,rápido ,rápido ,le preparamos una habitación pintada de azul como el cielo saharaui ,la casa lista para recibirla ,una casa todo alma y corazón ,la que no sabía si estaba lista era yo. Fui a buscarla a Madrid en coche, de hecho me prestaron un coche súper cómodo para que viajará mejor. La recogí en su silla de ruedas, parecía una ancianita, pero su sonrisa era radiante. El viaje fue largo, tuvimos que hacer varias paradas, no sabía que darle de comer porque había desarrollado alergia a muchos alimentos.

Pero todo fluyó ligero, en cuanto empezó el tratamiento junto con una buena alimentación comenzó a caminar casi bien, a ganar peso y recuperar su cabello, tuvo un punto milagroso una recuperación tan rápida. Y siempre me sentí rodeada de ángeles en forma de personas que me apoyaban en todo momento. Siempre he tenido esa fortuna por la que agradezco profundamente. Experiencias, momentos, vínculos sagrados, retazos de una vida, de una persona que soy yo. Luces y sombras también.

HOPONOPONO SANANDO TU VIDA

El Hoponopo procede de Hawaii, es una técnica que utilizaban los antiguos nativos para sanar. Formamos parte de un todo y si nos sanamos, sanaremos a la totalidad.

Las personas estamos saturadas de pensamientos y creencias tóxicas. Si limpiamos estas memorias de dolor que son las que crean nuestra propia realidad conseguiremos cambiar y mejorar nuestra vida. Al pronunciar las palabras gatillo vaciamos nuestra mente y dejamos espacio limpio y listo para recibir el cambio que deseamos conseguir. También funciona excelentemente para resolver conflictos, de hecho yo lo utilizo para esto cuando lo necesito. Lo siento, me, gracias, te amo.

Estas cuatro palabras son las más populares y las más utilizadas. Flores de primavera, para limpiar memorias de escasez económica para esto también puede usarse Llovizna, llovizna, llovizna.

Para conflictos de pareja

Hojas de Otoño. Hay muchas más, os recomiendo usar esta técnica. Puede usarse a modo de mantra o meditación. Al final somos lo que pensamos y si nos enfocamos en sanar, sanaremos. Lo siento, me, gracias, te amo.

TATA

Las hermanas sin una de las mejores bendiciones que te da la vida, al menos la mía si lo es. Con esta vida familiar extraña que nos ha tocado vivir, plagada de desencuentros, dependencias, manipulaciones y sabotajes varios, la mano de mi hermana es el apoyo que me permite afrontar. Somos dos, ella nació seis años antes, por lo cual yo siempre iba colgada de ella cuando ya adolescente empezaba a salir con sus amigas. Ella se enfadaba y yo lloraba, porque llorona era un rato, creo que lloré tanto que por eso ahora nunca lo hago.

Yo no sabía que la admiraba, porque las niñas no saben qué es eso, la veía tan guapísima que yo que no tenía esos bonitos ojos azul gris y estaba un poco gordita me veía como la patita fea, y además no soy alta en relación a mi familia, con el tiempo dejó de importante pero de niña sufría por ello. Después ya adultas nos hicimos amigas y compartíamos muchas cosas, hasta que me crecieron unas alas enormes y tuve que volar a vivir los mil destinos que había firmado en mi contrato de vida. Tantos vaivenes nos distanciaron hasta que la corriente vital nos volvió a unir en un destino común. Es una etapa que tenemos que superar juntas, como tantas etapas familiares que ya pasaron. Y aquí estamos complementándonos y nos, para que se haga más fácil, más ligero, hasta que el tiempo escampe, o la lluvia cese, o el destino ordene. No somos de demostrar sentimientos, eso nunca nos lo enseñaron porque no sabían lo, pero a veces el movimiento se demuestra andando que no hablando. Y eso se deja notar. Por si acaso, y por si alguna vez se te ocurrió pensar otra cosa distinta, aquí y ahora te digo, para que conste y por escrito.

TE QUIERO HERMANA.

ENTRE EL MAR Y EL VIENTO

Entre el mar y el viento de los viajes, se mueve mi sobrina Marina. Quizás su nombre el marco para siempre, porque toda la vida fue buscando el mar, y buscándolo busco también vivir en una ciudad donde su amplitud no consiguiera asfixiarla. Ella necesita la libertad, horizontes inmensos, por eso viaja, y al viajar ya sueña con el próximo, sabiendo que mientras haya un viaje y otro, y otro más, la felicidad es posible. Dicen que físicamente nos parecemos mucho, a veces la sangre se divierte haciendo esos juegos de parecidos, también compartimos el amor a los viajes, a los mares y a los perros locos. Es sencillo describirla porque es tan buena, tan pura, tan limpia de mirada, que es un placer estar a su lado. Y siempre la encuentras igual de cercana aunque el tiempo haya corrido un poco más. Cuando aparece trae consigo una buenísima energía, de risas, de alegría, de reencuentros. Qué más puedo decir, pues que una sobrina también es una parte importante de la vida, lazos de sangre potentes, y si además ha venido para sumar, para unir, para equilibrar, con un aire nuevo y necesario en el árbol familiar.

ALJAFERIA

Partiendo de que los nombres árabes me parecen muy hermosos, este sin duda lo es, su denominación alude al nombre de su promotor, el rey Abu Yafar, conocido como Al -Muqtadir. Es un castillo-palacio árabe del siglo XI, construido como residencia de recreo de los reyes taifas, aunque también sirvió de edificio defensivo. Fue conocido como Qasr-al-surur o Palacio de la alegría.

Y algo deceso debe conservar porque pasear en su entorno resulta relajante y armónico.

Casi toda mi vida he vivido cerca y casi cada día si puedo paso por allí en mis célebres caminatas por la ciudad. Ejerce en mi gran fascinación, bajo sus muros he paseado a mis perros, he soñado, he meditado, he charlado, y para todo ello es el lugar adecuado de mi ciudad es mi espacio preferido, junto con el río son mis lugares más queridos y referenciales. Para mí Zaragoza es el Ebro con su impetuosa personalidad, tan relajante a la vez y su castillo misterioso. Una de las torres del castillo ,conocida como Torre del Trovador sirvió de inspiración al escritor Antonio García Gutiérrez para su drama romántico "El Trovador ", una historia de celos y desencuentros con trágico final. En esta obra a su vez se inspiró veo compositor italiano Giuseppe Verdi para escribir su famosa obra "Il Trovatore ". Con este aura romántica no me canso de recomendar a cualquiera que no deje de visitar el Castillo, pero solo te lo recomiendo si deseas soñar.

FINIS

Y como casi todo, está historia también llega a su fin. Creo que el objetivo ya está cumplido, que era que pudiera servir, ser útil para alguien y de entrada ya lo ha sido para mí. De una forma un tanto extraña este libro me ha ido escribiendo a mí, más que yo a él.

Al escribir, al contar, he entendido cosas, otras se me han revelado, y la intuición ha ido aumentando a la vez. Bonita experiencia que me ha ido enseñando mucho de mí y de los demás. Advierto que escribir es peligroso, crea adicción, hasta el punto que al despertar, cuando todos duermen y solo estamos vivos mis gatos y yo es lo que más me gusta hacer. Esta soy yo, es mi historia, quizás no he contado todo, pero lo que he dicho es todo de verdad y con el corazón. Espero no tanto que os guste como que os sirva de algo, si es así no os quedéis con Transmutación, compartirla al mundo por favor.

FINIS

Impreso y editado por Books on Demand GmbH
info@bod.com.es - www.bod.com.es
Impreso en Alemania – Printed in Germany

ISBN 9788413260778